懂就有用的
免税店中国语

Global No.1 **한국면세연구원**이 면세점 직무에 맞추어 기획한

알아두면 쓸모 있는 면세점 중국어

한국면세연구원 · 이현서

🅑 (주)백산출판사

머리말

  면세점은 해외 출국 예정자에게 상품에 부과되는 각종 세금(관세, 부과세, 내국세, 특별소비세 등)이 면제된 상품을 판매하는 곳입니다. 우리나라는 1979년에 최초로 김포공항에 면세점이 설립된 이후 2019년에는 25조 원의 매출을 달성하는 등 많은 성과를 이루었습니다. 여행객의 여행편의를 제공함은 물론, 관광의 활성화, 외화창출, 국내 상품의 해외 수출창구 마련 등의 역할도 하고 있습니다. 현재 한국의 면세산업은 세계 1위의 산업으로 꾸준히 성장하면서 세계의 유명브랜드와 함께 전 세계 럭셔리 산업을 선도하고 있기도 합니다.

  한국을 방문하는 외국인 관광객의 수는 해마다 늘어 2019년에는 1,750만 명이나 되는 외국인이 한국을 방문한 것으로 집계되었습니다. 당연히 중국인 관광객이 차지하는 비중이 가장 컸습니다. 그런데 이러한 면세산업의 성장세는 코로나19라는 위기 속에서 잠시 주춤하고 있습니다. 2020년 9월 기준 누적 방한 외국인 관광객 수는 약 233만 명으로 전년 동기 대비 82% 감소하였고, 같은 해 누적 내국인 해외여행객 수 역시 약 405만 명으로 전년 동기 대비 81.7% 감소하였습니다.(출처: 한국문화관광연구원, 「코로나19의 관광산업 영향과 대응 방안」)

  지금 우리는 With 코로나 시대를 맞이하여 위기 속에 숨어 있는 기회를 찾아내야 할 시점에 놓여 있습니다. 면세산업을 포함한 한국의 관광산업계는 그 기회를 찾기 위해 발 빠르게 움직이고 있으며, 국제적 경쟁력을 확보하기 위한 특단의 대책을 마련하고자 노력하고 있습니다. 무려 43년이나 유지되었던 내국인 면세점 구매한도를 2022년 3월 18일부터 폐지하면서 구매한도의 자율화를 시작한 것이 이를 증명합니다. 이렇게 시대의 변화에 따라 새로운 이정표를 만들어 나간다면 한국의 면세산업은 다시 한번 세계 면세산업 1위의 자리에 우뚝 서게 될 것입니다. 이

책 역시 새로운 면세산업의 부흥에 도움이 되고자 하는 취지에서 출간을 결정하게 되었습니다.

이 책은 면세점에서 오랜 기간 근무하며 각 브랜드를 담당했던 매니저와 면세 전문가의 협조 아래 제작되었습니다. 면세점 현장에서 필요한 실무 표현과 어휘만 골라 내용을 구성했으며, 중국어 고급 표현까지 학습할 수 있도록 플러스 표현과 플러스 어휘를 추가했습니다. 아울러 면세점 이야기와 브랜드 이야기를 통해 면세산업과 주요 브랜드의 특징에 대해서도 간단히 소개했습니다.

이 책이 면세산업과 관광산업계로의 취업을 준비하는 분들께 도움이 되기를 진심으로 바라며, 이 책을 출간하기까지 많은 도움주신 여러 관계자분들께도 다시 한번 깊이 감사드립니다.

저자 일동

차례

第一单元

免税店指南

면세점 이용 안내

免税店销售
实务中文

第1课

免税店
基本用语

면세점 기본 표현

단어 | 生词

☐ 顾客	gùkè	고객, 손님
☐ 店员	diànyuán	직원, 점원
☐ 欢迎	huānyíng	환영하다
☐ 光临	guānglín	방문하다, 왕림하다
☐ 免税店	miǎnshuìdiàn	면세점
☐ 需要	xūyào	요구되다, 필요로 하다
☐ 商品	shāngpǐn	상품, 물품
☐ 回程	huíchéng	돌아가는 길
☐ 时间	shíjiān	어떤 시각과 시각의 사이, 시간, 동안
☐ 逛	guàng	구경하다, 쇼핑하다
☐ 慢慢儿	mànmānr	천천히
☐ 咨询	zīxún	상의하다, 의논하다
☐ 美元	měiyuán	달러
☐ 人民币	rénmínbì	위안화, 인민폐
☐ 汇率	huìlǜ	환율
☐ 元	yuán	위안, 중국에서의 화폐 단위
☐ 兑	duì	화폐로 교환하다, 바꾸다
☐ 签字	qiānzì	서명하다, 사인하다
☐ 发票	fāpiào	영수증

□ 提货单　　tíhuòdān　　　　　교환권

□ 营业时间　yíngyè shíjiān　　영업시간

□ 休息日　　xiūxirì　　　　　　휴무일

□ 全年　　　quánnián　　　　　한 해, 연중

□ 营业　　　yíngyè　　　　　　영업, 영업하다

□ 无　　　　wú　　　　　　　　없다

□ 休息日　　xiūxirì　　　　　　휴일, 쉬는 날

🗣️ 기본표현 | 基本句型

1. 환영합니다. _____면세점입니다!

欢迎光临，这里是 _____免税店！

Huānyíng guānglín, zhèlǐ shì _____miǎnshuìdiàn!

2. 찾으시는 상품이 있으신가요?

请问，有什么需要的商品吗？

Qǐngwèn, yǒu shénme xūyào de shāngpǐn ma?

3. 천천히 살펴보세요!

请随便看看！

Qǐng suíbiàn kànkan!

천천히 살펴보세요!

请慢慢儿看！

Qǐng mànmānr kàn!

4. 찾으시는 상품이 있으시면 직원에게 말씀해주세요.

如果有想要的商品，请咨询职员。

Rúguǒ yǒu xiǎng yào de shāngpǐn, qǐng zīxún zhíyuán.

5. 중국 위안화로는 얼마인가요?

用人民币是多少？

Yòng rénmínbì shì duōshǎo?

6. 오늘 환율은 어떻게 됩니까?

今天的汇率是多少?

Jīntiān de huìlǜ shì duōshǎo?

7. 여기에 서명해 주세요.

请在这里签字。

Qǐng zài zhèlǐ qiānzì.

8. 영수증과 상품 교환권을 받으세요.

请拿好发票和提货单。

Qǐng ná hǎo fāpiào hé tíhuòdān.

9. 영업시간은 오전 10시부터 저녁 8시까지입니다.

营业时间是从上午10点到晚上8点。

Yíngyè shíjiān shì cóng shàngwǔ shí diǎn dào wǎnshàng bā diǎn.

10. 면세점은 연중 무휴로 운영됩니다.

免税店全年营业,无休息日。

Miǎnshuìdiàn quánnián yíngyè, wú xiūxīrì.

11. 방문해 주셔서 감사합니다.

谢谢您的光临。

Xièxiè nín de guānglín.

12. 다음에 또 찾아 주세요!

欢迎再次光临!

Huānyíng zàicì guānglín!

회화 | 会话

店员 : 您好，欢迎光临! 这里是〇〇免税店。
Nín hǎo, huānyíng guānglín! zhèlǐ shì 〇〇 miǎnshuìdiàn.

顾客 : 您好!
Nín hǎo!

店员 : 请问，有什么需要的商品吗?
Qǐng wèn, yǒu shénme xūyào de shāngpǐn ma?

顾客 : 离回程还有一点时间，所以我就来逛一逛了。
Lí huíchén háiyǒu yìdiǎn shíjiān, suǒyǐ wǒ jiù lái guàngyiguàng le.

店员 : 请慢慢儿看! 如果有想要的商品，请咨询职员。
Qǐng mànmānr kàn! Rúguǒ yǒu xiǎng yào de shāngpǐn, qǐng zīxún zhíyuán.

顾客 : 好的。知道了。这个商品多少钱?
Hǎo de. Zhīdào le. Zhège shāngpǐn duōshǎo qián?

店员 : 300美元。
Sānbǎi měiyuán.

顾客 : 用人民币是多少? 今天的汇率是多少?
Yòng rénmínbì shì duōshǎo? Jīntiān de huìlǜ shì duōshǎo?

店员 : 1,900元多一点。今天的汇率是100美元兑632元人民币。
Yìqiānjiǔbǎi yuán duō yìdiǎn. Jīntiān de huìlǜ shì yìbǎi měiyuán duì liùbǎisānshí'èr yuán rénmínbì.

顾客： 我喜欢，我要买这个。
Wǒ xǐhuān, wǒ yào mǎi zhège.

(结算后)
(jiésuàn hòu)

店员： 请在这里签字。请拿好发票和取货单。
Qǐng zài zhèlǐ qiānzì. Qǐng ná hǎo fāpiào hé qǔhuòdān.

顾客： 请问，营业时间是从几点到几点？
Qǐngwèn, yíngyè shíjiān shì cóng jǐdiǎn dào jǐdiǎn?

店员： 营业时间是从上午10点到晚上8点。
Yíngyè shíjiān shì cóng shàngwǔ shí diǎn dào wǎnshàng bā diǎn.

顾客： 免税店有休息日吗？
Miǎnshuìdiàn yǒu xiūxirì ma?

店员： 没有，免税店全年营业，无休息日。
Méiyǒu, miǎnshuìdiàn quánnián yíngyè, wú xiūxirì.

顾客： 知道了，谢谢您。
Zhīdào le, xièxiè nín.

店员： 谢谢您的光临。欢迎再次光临！
Xièxiè nín de guānglín. Huānyíng zàicì guānglín!

📝 본문해석 | 课文翻译

직원 : 안녕하세요, 어서 오세요. ○○면세점입니다.
고객 : 안녕하세요.

직원 : 찾으시는 상품이 있으세요?
고객 : 출국 날짜가 좀 남아서 그냥 둘러보러 왔어요.

직원 : 네, 천천히 둘러보세요. 찾으시는 상품이 있으시면 직원에게 말씀해 주세요.
고객 : 알겠습니다. 이 제품은 얼마인가요?

직원 : 300달러입니다.
고객 : 중국 위안화로는 얼마인가요? 오늘 환율은 어떻게 되지요?

직원 : 1,900위안이 조금 넘습니다. 오늘 환율은 100달러당 632위안입니다.
고객 : 마음에 들어요. 이걸로 구매하겠습니다.

(결제 후)

직원 : 여기에 서명을 해주세요. 영수증과 상품교환권을 받으세요.
고객 : 면세점 영업시간은 몇 시부터 몇 시까지입니까?

직원 : 오전 10시부터 저녁 8시까지입니다.
고객 : 면세점은 휴무일이 있나요?

직원 : 없습니다, 연중무휴 운영됩니다.
고객 : 네, 알겠습니다. 감사합니다.

직원 : 방문해 주셔서 감사합니다. 다음에 또 찾아주세요.

플러스 어휘 | 补充单词

■ 면세점 유형

☐ 공항 면세점	机场免税店	jīchǎng miǎnshuìdiàn
☐ 시내 면세점	市内免税店	shìnèi miǎnshuìdiàn
☐ 기내 면세점	机内免税店	jīnèi miǎnshuìdiàn
☐ 입국장 면세점	入境免税店	rùjìng miǎnshuìdiàn
☐ 출국장 면세점	出境免税店	chūjìng miǎnshuìdiàn
☐ 외교관 면세점	外交人员免税店	wàijiāorényuán miǎnshuìdiàn
☐ 항만 면세점	港口免税店	gǎngkǒu miǎnshuìdiàn

플러스 어휘 | 补充单词

■ 국내 주요 면세점

☐ 롯데면세점	乐天免税店	Lètiān miǎnsnshuìdiàn
☐ 신세계 면세점	新世界免税店	Xīnshìjiè miǎnshuìdiàn
☐ 신라면세점	新罗免税店	Xīnluó miǎnshuìdiàn
☐ HDC 신라면세점	HDC 新罗免税店	HDC Xīnluó miǎnshuìdiàn
☐ 동화면세점	东和免税店	Dōnghé miǎnshuìd
☐ 경복궁 면세점	景福宫免税店	Jǐngfúgōng miǎnshuìd
☐ JDC 제주 면세점	JDC 济州免税店	JDC jìzhōu miǎnshuìdiàn
☐ 현대백화점 면세점	现代百货免税店	Xiàndài bǎihuò miǎnshuìdiàn
☐ 대구그랜드 면세점	大邱 格兰德免税店	Dàqiū gélándé miǎnshuìdiàn

플러스 어휘 | 补充单词

■ 면세점 내 주요 판매 품목

☐ 화장품	化妆品	huàzhuāngpǐn
☐ 향수	香水	xiāngshuǐ
☐ 담배	烟	yān
☐ 술	酒	jiǔ
☐ 전자제품	电子产品	diànzǐ chǎnpǐn
☐ 패션 액세서리	珠宝饰品	zhūbǎo shìpǐn
☐ 의류	服装	fúzhuāng
☐ 선글라스	墨镜	mòjìng
☐ 시계	手表	shǒubiǎo
☐ 보석	宝石	bǎoshí
☐ 신발	鞋子	xiézi
☐ 아동용품	儿童用品	értóng yòngpǐn
☐ 건강식품	健康食品	jiànkāng shípǐn
☐ 가방	包	bāo
☐ 패션상품	时尚商品	shíshàng shāngpǐn

연습문제 | 练习题

1. 괄호 안에 들어갈 단어를 보기에서 고르세요.

> [보기] 咨询   休息日   逛   兑   营业

1) 离出境还有一点时间, 所以我就来(　　　　)一(　　　　)了。

2) 如果有想要的商品, 请(　　　　)职员。

3) 今天的汇率是100美元(　　　　)632元人民币。

4) 请问, (　　　　)时间是从几点到几点?

5) 免税店有(　　　　)吗?

2. 아래 한국어 문장을 중국어로 번역하세요.

1) 어서 오세요.

_____

2) ○○면세점입니다.

_____

3) 찾으시는 상품이 있으세요?

_____

4) 천천히 살펴보세요!

_____

5) 오늘 환율은 어떻게 됩니까?

_____

6) 여기에 서명을 해주세요.

_____

7) 영수증과 상품교환권을 받으세요.

_____

8) 영업시간은 오전 10시부터 저녁 8시까지입니다.

_____

9) 면세점은 연중무휴 운영됩니다.

_____

10) 방문해주셔서 감사합니다.

_____

정답 | 正确答案

1. 1) 逛, 逛
   2) 咨询
   3) 兑
   4) 营业
   5) 休息日

2. 1) 欢迎光临!
   2) 这里是○○免税店。
   3) 有什么需要的商品吗?
   4) 请随便看看! / 请慢慢儿看!
   5) 今天的汇率是多少?
   6) 请在这里签字。
   7) 请拿好发票和取货单。
   8) 营业时间是从上午10点到晚上8点。
   9) 免税店全年营业, 无休息日。
   10) 谢谢您的光临。

면세점 이야기

■ 면세산업과 면세점 이용방법

　면세점은 외국으로 출국이 예정되어 있는 사람들에게 상품에 부과되는 각종 세금(관세, 부과세, 내국세, 특별소비세 등)이 없이 상품을 판매하는 곳으로 보세판매장이라고도 불린다. 즉, 일정한 조건하에 세금이 보류되어 판매되는 장소라는 뜻이다. 한국의 면세점은 관광산업, 글로벌 유통산업, 수출창구 그리고 한류가 어우러져 만들어진 복합 산업이다. 한국을 방문하는 외국인들의 관광쇼핑 편의를 위해서 면세점이 만들어졌고, 외화획득과 관광 활성화에 이바지하고 있다. 2019년 12월 기준으로 57개의 면세점을 운영하였으며 2019년 한 해 면세점이 25조 원의 매출을 기록하면서 세계 1위의 산업으로 성장했다.

국내 면세점 연매출 현황

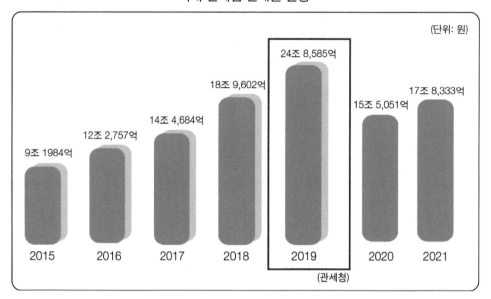

(단위: 원)

- 2015: 9조 1984억
- 2016: 12조 2,757억
- 2017: 14조 4,684억
- 2018: 18조 9,602억
- 2019: 24조 8,585억
- 2020: 15조 5,051억
- 2021: 17조 8,333억

(관세청)

　면세점에서 상품을 구매하기 위해서는 본인 확인을 위한 여권과 출국예정일을 확인할 수 있는 여행확인서/항공 티켓이나 선박 티켓 등을 가지고 가야 한다.

　면세점에서 구매한 물품은 해외로 반출하는 조건으로 각종 세금이 면제된 것이기에 출국 시 구매한 상품을 다시 한국으로 반입하는 경우에는 세금이 부가될 수 있다. 외국인과 내국인 둘 다 면세점에서는 구매 한도가 없으나 면세 한도를 초과하면 세금을 납부해야 한다.

■ 면세점 이용절차

시내면세점

출국장 면세점 (공항/항만)

입국장 면세점 (공항)

第2课

市内免税店
指南

시내면세점 이용 안내

단어 | 生词

☐	满意	mǎnyì	만족하다, 만족스럽다
☐	全部	quánbù	전부
☐	付款	fùkuǎn	계산하다, 결산하다(= 支付 zhīfù)
☐	提供	tígōng	제공하다
☐	护照	hùzhào	여권
☐	电子机票	diànzi jīpiào	항공권, e-ticket
☐	航班	hángbān	항공편
☐	确认	quèrèn	확인하다
☐	购买	gòumǎi	구매하다
☐	件	jiàn	옷이나 짐, 사건 등을 세는 단위
☐	中号	zhōnghào	미디엄(Medium)
☐	男士	nánshì	남성용
☐	衬衫	chènshān	셔츠
☐	条	tiáo	가늘고 긴 물건을 세는 단위 (강, 거리, 바지, 치마, 물고기 등)
☐	黑色	hēisè	검은색
☐	腰带	yāodài	벨트
☐	数量	shùliàng	수량
☐	总计	zǒngjì	종계, 합계

□	金额	jīn'é	금액
□	为	wéi	~이다
□	内容	nèiróng	내용
□	正确	zhèngquè	정확하다, 틀림없다
□	交换券	jiāohuànquàn	교환권
□	签名	qiānmíng	사인하다, 서명하다
□	结算	jiésuàn	계산하다, 결제하다
□	信用卡	xìnyòngkǎ	신용카드
□	结帐	jiézhàng	계산하다, 결제하다
□	拿	ná	(손으로) 들다, 잡다
□	收据	shōujù	영수증
□	商品领取处	shāngpǐn lǐngqǔchù	물품 인도장
□	出示	chūshì	제시하다
□	提取	tíqǔ	찾다
□	取货处	qǔhuòchù	물품 인도장
□	登机口	dēngjīkǒu	게이트(Gate)
□	卖场	màichǎng	매장
□	关税法	guānshuìfǎ	관세법, 세관법
□	规定	guīdìng	규정
□	本土商品	běntǔ shāngpǐn	특산품, 국산품
□	直接	zhíjiē	직접

💬 회화 | 会话

店员：这些商品都满意吗?
Zhèxiē shāngpǐn dōu mǎnyì ma?

顾客：满意。这些商品请全部结算。
Mǎnyì. Zhèxiē shāngpǐn qǐng quánbù jiésuàn.

店员：请提供您的护照和电子机票(e-ticket)。
Qǐng tígōng nín de hùzhào hé diànzi jīpiào.

顾客：给您。
Gěi nín.

店员：您2022年7月21日KE780航班下午2点出境。
Nín èrlíngèrèr nián qī yuè èrshíyī rì KE qībālíng hángbān xiàwǔ liǎng
diǎn chūjìng.

顾客：对。
Duì.

店员：我先确认一下商品。您购买的商品是一件中号(Medium)的男
士衬衫，一条黑色腰带，数量总计2件，金额为300美元。如果
内容正确，请在交换券上签名。
Wǒ xiān quèrèn yíxià shāngpǐn. Nín gòumǎi de shāngpǐn shì yíjiàn
zhōng hào de nánshì chènshān, yìtiáo hēisè yāodài, shùliàng zǒngjì
liǎng jiàn, jīn'é wéi sānbǎi měiyuán. Rúguǒ nèiróng zhèngquè, qǐng
zài jiāohuànquàn shàng qiānmíng.

顾客：在这里签字吗？
Zài zhèlǐ qiānzì ma?

店员：是，对的。您想怎么付款(支付)？
Shì, duì de. Nín xiǎng zěnme fùkuǎn(zhīfù)?

顾客：用信用卡结帐。
Yòng xìnyòngkǎ jiézhàng.

店员：好的。
Hǎo de.

(结算后)
(jiésuàn hòu)

店员：请您拿好交换券和收据。您可以在机场商品领取处出示交换券和护照提取您的商品。取货处在42号登机口旁边。
Qǐng nín ná hǎo jiāohuànquàn hé shōujù. Nín kěyǐ zài jīchǎng shāngpǐn lǐngqǔchù chūshì jiāohuànquàn hé hùzhào tíqǔ nín de shāngpǐn. Qǔhuòchù zài sìshí'èr hào dēngjīkǒu pángbiān.

顾客：不能在卖场直接拿走吗？
Bù néng zài màichǎng zhíjiē názǒu ma?

店员：对不起，韩国关税法规定在市内免税店购买的商品，只能去机场取货处提取，只有韩国本土商品可以直接拿走。
Duìbùqǐ, hánguó guānshuìfǎ guīdìng zài shìnèi miǎnshuìdiàn gòumǎi de shāngpǐn, zhǐnéng qù jīchǎng qǔhuò chù tíqǔ, zhǐyǒu hánguó běntǔ shāngpǐn kěyǐ zhíjiē názǒu.

顾客: 好的，知道了。
Hǎo de, zhīdào le.

店员: 谢谢。祝您旅行愉快。
Xièxiè. Zhù nín lǚxíng yúkuài.

본문해석 | 课文翻译

직원 : 상품은 마음에 드십니까?

고객 : 네, 이 상품들 모두 계산해 주세요.

직원 : 여권과 항공권(e-ticket)을 보여 주세요.

고객 : 여기 있습니다.

직원 : 2022년 7월 21일 KE780편 오후 2시 출국이시네요.

고객 : 네, 맞습니다.

직원 : 먼저 상품을 확인하겠습니다. 미디엄(Medium) 사이즈 남성용 셔츠 하나, 검정색 벨트 하나 구매하셨습니다. 수량은 총 2개이고 금액은 300달러입니다. 맞으면 교환권에 사인 부탁드리겠습니다.

고객 : 여기에 사인을 하면 되나요?

직원 : 네, 맞습니다. 결제는 어떻게 하시겠습니까?

고객 : 신용카드로 결제할게요.

직원 : 알겠습니다.

(계산 후)

직원 : 영수증과 상품교환권을 받으세요. 구입하신 상품은 공항 물품 인도장에서 교환권과 여권을 제시하고 찾으시면 됩니다. 인도장은 42번 게이트 옆에 있습니다.

고객 : 매장에서 직접 가지고 갈 수 없나요?

직원 : 죄송합니다, 한국 관세법 규정상, 시내면세점에서 구입하신 물건은 공항 물품 인도장에서만 수령이 가능합니다. 한국 특산품만 바로 가져가실 수 있습니다.

고객 : 그렇군요, 알겠습니다.

직원 : 감사합니다. 즐거운 여행되시길 바랍니다.

플러스 문장 | 补充文章

> 단체 관광이십니까, 개인 관광이십니까?

您是团队游还是自由行？

Nín shì tuánduìyóu háishì zìyóuxíng?

> 단체 관광객이십니까, 개인 관광객이십니까?

您是团队游客还是个人游客？

Nín shì tuánduì yóukè háishì gèrén yóukè?

> 단체 관광객 카드를 보여주시겠습니까?

请出示您的团队旅游卡。

Qǐng chūshì nín de tuánduì lǚyóu kǎ.

> 단체번호를 알고 계십니까?

知道团队号码吗？

Zhīdào tuánduì hàomǎ ma?

> 패키지 투어입니까?

是包价旅游吗？

Shì bāojià lǚyóu ma?

> 가이드 없이 혼자 여행하시는 중이십니까?

在没有导游的情况下独自旅行吗？

Zài méiyǒu dǎoyóu de qíngkuàng xià dúzì lǚxíng ma?

> 말씀하신 항공편은 아직 저희 쪽 컴퓨터에 등록되어 있지 않습니다.

您说的航班还没有登记在我们这边的电脑上。

Nín shuō de hángbān hái méiyǒu dēngjì zài wǒmen zhèbiān de diànnǎo shàng.

공항에서 상품을 받으시는 데에는 문제없습니다.

在机场取货没有问题。

Zài jīchǎng qǔhuò méiyǒu wèntí.

여권이 없으시면 상품을 구매하실 수 없습니다.

没有护照的话，不能购买商品。

Méiyǒu hùzhào dehuà, bùnéng gòumǎi shāngpǐn.

본인 이름이 있는 항공 편명을 확인해야 합니다.

需要确认有本人名字的航班号。

Xūyào quèrèn yǒu běnrén míngzi de hángbānhào.

상품 수령 시 수량과 상품 상태를 다시 한번 확인하시고, 이상이 있는 경우에
인도장 직원에게 바로 말씀해 주세요.

领取商品时请再次确认商品数量和商品状态，如有异常，请立即
告知提货处职员。

Lǐngqǔ shāngpǐn shí qǐng zàicì quèrèn shāngpǐn shùliàng hé shāngpǐn
zhuàngtài, rú yǒu yìcháng, qǐng lìjí gàozhī tíhuòchù zhíyuán.

인도장에서 상품을 받으시면 제품의 수량과 이상 유무를 꼭 확인해 주세요.

当您在商品领取处拿到商品时，一定要检查产品数量以及产品有
无异常。

Dāng nín zài shāngpǐn lǐngqǔ chù ná dào shāngpǐn shí, yídìng yào jiǎnchá
chǎnpǐn shùliàng yǐjí chǎnpǐn yǒu wú yìcháng.

인도장에서 상품을 확인하지 않으시고 이후에 제품의 이상을 발견하시면 책임
질 수 없습니다.

在商品领取处内没有确认商品，日后如若发现商品有异常，领取处
不负任何责任。

Zài shāngpǐn lǐngqǔchù nèi méiyǒu quèrèn shāngpǐn, rìhòu rúruò fāxiàn
shāngpǐn yǒu yìcháng, lǐngqǔchù búfù rènhé zérèn.

시간에 임박해서 인도장에서 상품을 수령하지 못하시면 꼭 매장으로 연락을 주세요.

如因时间仓促未能在商品领取处领取货物，请务必与卖场联系。

Rú yīn shíjiān cāngcù wèinéng zài shāngpǐn lǐngqǔchù lǐngqǔ huòwù, qǐng wùbì yǔ màichǎng liánxi.

플러스 어휘 | 补充单词

명세표
SPECIFICATION

본점 2001007101040

Date of Sale

Billing No.

Name

Passport No.

Date of
Departure

Flight No.   Airport

Description
Comer Code   Unit Price   Q'ty   D/C   Amount

본점 토산품

TOTAL AMT

LOTTE
DUTY
FREE

[사진] 시내면세점 교환권

	한국어	中文	拼音
☐	쇼핑카드	购物卡	gòuwù kǎ
☐	가이드	导游	dǎoyóu
☐	VIP 카드	VIP卡	VIP kǎ
☐	자국화폐	本国货币	běnguó huòbì
☐	인민폐	人民币	rénmínbì
☐	(대한민국) 원	韩元	hányuán
☐	(일본) 엔화	日元	rìyuán
☐	(미국) 달러	美元	měiyuán
☐	(유럽) 유로	欧元	ōuyuán
☐	(중국) 위안	元	yuán
☐	여행자 수표	旅行支票	lǚxíng zhīpiào
☐	상품내역	商品明细	shāngpǐn míngxì
☐	수량	数量	shùliàng
☐	상품 불량	商品不良	shāngpǐn bùliáng
☐	책임지다	负责	fùzé
☐	수령하다	领取/接受	lǐngqǔ/jiēshòu
☐	출국 날짜	出国日期	chūguó rìqī
☐	비행기 편명	航班号	hángbānhào
☐	등록하다	注册/登记/登录	zhùcè/dēngjì/dēnglù
☐	출발 공항	起运机场	qǐyùn jīchǎng
☐	출국심사	出境审查	chūjìng shěnchá
☐	패키지 투어	包价旅行	bāojià lǚxíng

☐ 단체 관광객	团体游客	tuántǐ yóukè
☐ 개별 관광객	个别游客	gèbié yóukè
☐ 매장	卖场	màichǎng
☐ 연락하다	联系	liánxi
☐ (시간이) 임박하다	迫近	pòjìn

연습문제 | 练习题

1. 괄호 안에 들어갈 단어를 보기에서 고르세요.

> [보기] 直接　　结算　　满意　　用　　正确

1) 这些商品都(　　　　)吗?

2) 这些商品请全部(　　　　).

3) 如果内容(　　　　), 请在交换券上签名。

4) (　　　　)信用卡结帐。

5) 不能在卖场(　　　　)拿走吗?

2. 아래 한국어 문장을 중국어로 번역하세요.

1) 여권과 항공권(e-ticket)을 보여주세요.

_____

2) 먼저 상품을 확인하겠습니다.

_____

3) 여기에 사인을 하면 되나요?

_____

4) 결제는 어떻게 하시겠습니까?

_____

5) 상품교환권과 영수증을 받으세요.

_____

6) 구입하신 상품은 공항 물품 인도장에서 교환권과 여권을 제시하시고 상품을 찾으시면 됩니다.

_____

_____

7) 인도장은 42번 게이트 옆에 있습니다.

_____

8) 한국의 관세법 규정상, 시내면세점에서 구입한 상품은 공항 물품 인도장에서 수령이 가능합니다.

_____

_____

9) 한국 특산품만 바로 가져가실 수 있습니다.

_____

10) 즐거운 여행되시길 바랍니다.

_____

정답 | 正确答案

1. 1) 满意

   2) 结算

   3) 正确

   4) 用

   5) 直接

2. 1) 请提供您的护照和电子机票(e-ticket)。

   2) 我先确认一下商品。

   3) 在这里签字吗?

   4) 您想怎么结算?

   5) 请您拿好交换券和收据。

   6) 您可以在机场商品领取处出示交换券和护照提取您的商品。

   7) 取货处在42号登机口旁边。

   8) 韩国关税法规定在市内免税店购买的商品，只能去机场取货处提取。

   9) 只有韩国本土商品可以直接拿走。

   10) 祝您旅行愉快。

면세점 이야기

■ 면세점의 종류와 인도장

면세점은 설치된 장소에 따라 시내면세점, 출국장 면세점, 입국장 면세점으로 구분한다. 관세의 면제를 받을 수 있는 특별지위를 부여받은 외교관이나 외국공관원에 한해서 물품을 판매하는 외교관 면세점도 별도로 있다. 해외를 왕래하는 비행기나 배 안에서도 면세품을 구매할 수 있다. 또한 해외에 출국하지 않아도 제주도를 방문한 내국인이 면세된 가격으로 이용할 수 있는 특별 지정 면세점이 있다.

국제 공항/항만에 설치된 면세점을 출국장 면세점이라 하고, 도심 시내에 설치된 면세점을 시내면세점이라고 한다. 서울, 부산, 대구, 제주 등 대도시에 면세점이 설치되어 있다. 시내면세점에서 구매한 상품은 매장에서 직접 수령할 수 없으며, 출국 당일에 출국수속을 마친 후 공항/항만에 별도의 장소에 마련된 인도장에서 상품을 인계 받을 수 있다. 다만 외국인이 시내면세점에서 국산품을 구매했을 경우에는 현장에서 인도 가능하다.

第3课

出境免税店
指南

출국장 면세점 이용 안내

단어 | 生词

☐	品牌	pǐnpái	브랜드
☐	香水	xiāngshuǐ	향수
☐	英国	yīngguó	영국
☐	新	xīn	새롭다, 새로운
☐	入驻	rùzhù	입점하다
☐	拥有	yōngyǒu	보유하다, 소유하다, 가지다
☐	悠久	yōujiǔ	유구하다, 오래다
☐	传统	chuántǒng	전통
☐	匠人	jiàngrén	장인
☐	精神	jīngshén	정신
☐	打造	dǎzào	만들다, 제조하다
☐	名品	míngpǐn	명품
☐	推荐	tuījiàn	추천하다
☐	送	sòng	선물하다
☐	父母	fùmǔ	부모
☐	卖场	màichǎng	매장
☐	款	kuǎn	양식, 스타일, 디자인
☐	人气	rénqì	인기
☐	确认	quèrèn	확인하다

☐ 是否	shìfǒu	~인지 아닌지
☐ 慢慢	mànmān	천천히, 느릿느릿
☐ 毫升	háoshēng	밀리리터(ml)
☐ 液体	yètǐ	액체
☐ 透明	tòumíng	투명하다
☐ 包装	bāozhuāng	포장(하다)
☐ 袋	dài	부대, 자루, 주머니
☐ 登机	dēngjī	(비행기에) 탑승하다
☐ 拆封	chāifēng	개봉하다, 봉인한 것을 뜯다
☐ 损毁	sǔnhuǐ	파손시키다, 훼손시키다
☐ 将	jiāng	장차, 막, 곧
☐ 禁止	jìnzhǐ	금지(하다)
☐ 带入	dàirù	반입하다
☐ 到达	dàodá	도착하다, 도달하다
☐ 目的地	mùdìdì	목적지, 도착지
☐ 绝对	juéduì	절대로, 완전히, 반드시
☐ 打开	dǎkāi	열다, 펼치다, 풀다

회화 | 会话

店员：欢迎光临，○○免税店！您要找什么商品？
Huānyíng guānglín, ○○ miǎnshuìdiàn! Nín yào zhǎo shénme shāngpǐn?

顾客：第一次听说这个品牌，是哪国的商品呢？
Dìyīcì tīngshuō zhège pǐnpái, shì nǎguó de shāngpǐn ne?

店员：我们的香水品牌是英国产品，是今年5月新入驻的品牌。这是在英国拥有百年悠久历史的传统品牌，是用匠人精神打造的名品。
Wǒmen de xiāngshuǐ pǐnpái shì yīngguó chǎnpǐn, shì jīnnián wǔ yuè xīn rùzhù de pǐnpái. Zhè shì zài yīngguó yōngyǒu bǎinián yōujiǔ lìshǐ de chuántǒng pǐnpái, shì yòng jiàngrén jīngshén dǎzào de míngpǐn.

顾客：请给我推荐一下送给父母的香水。
Qǐng gěi wǒ tuījiàn yíxià sònggěi fùmǔ de xiāngshuǐ.

店员：这些产品是我们卖场卖得最好的产品。您要不要看一下？
Zhè xiē chǎnpǐn shì wǒmen màichǎng mài de zuì hǎo de chǎnpǐn. Nín yàobúyào kàn yíxià?

顾客：这些产品中哪款是人气产品？
Zhè xiē chǎnpǐn zhōng nǎ kuǎn shì rénqì chǎnpǐn?

店员：这款。
Zhè kuǎn.

顾客：我很喜欢你推荐的商品，就要这个了。
Wǒ hěn xǐhuān nǐ tuījiàn de shāngpǐn, jiùyào zhège le.

店员：我再次确认一下商品是否有问题。请您也慢慢确认一下。
Wǒ zàicì quèrèn yíxià shāngpǐn shìfǒu yǒu wèntí. Qǐng nín yě mànmān
quèrè yíxià.

顾客：确认过了，没有问题。
Quèrèn guò le, méiyǒu wèntí.

店员：好的。请到这边来结账。请出示一下您的护照和登机牌。
Hǎo de. Qǐng dào zhèbiān lái jiézhàng. Qǐng chūshì yíxià nín de hùzhào
hé dēngjīpái.

顾客：给您。
Gěi nín.

店员：请在这里签字，还有这是发票。
Qǐng zài zhèlǐ qiānzì, háiyǒu zhè shì fāpiào.

顾客：谢谢!
Xièxiè!

店员：100毫升以内的液体商品必须装在透明的包装袋里才可以带
上飞机。这个包装（透明袋子）在登机前绝对不能拆封。损
毁时将禁止带入，到达目的地之前绝对不要打开。
Yìbǎi háoshēng yǐnèi de yètǐ shāngpǐn bìxū zhuāng zài tòumíng de
bāozhuāngdài lǐ cái kěyǐ dàishàng fēijī. Zhège bāozhuāng (tòumíng
dàizi) zài dēngjī qián bùnéng chāifēng. Sǔnhuǐ shí jiāng jìnzhǐ dàirù,
dàodá mùdìdì zhīqián juéduì búyào dǎkāi.

顾客 : 好的，谢谢！

Hǎo de, xièxiè!

店员 : 欢迎您下次再来！

Huānyíng nín xiàcì zài lái!

본문해석 | 课文翻译

직원 : 어서 오세요. ○○면세점입니다. 찾으시는 상품 있으십니까?

고객 : 처음 들어본 브랜드인데 어느 나라 제품인가요?

직원 : 저희 향수는 영국 브랜드인데요, 이번 5월에 신규 입점 되었습니다. 영국에서 100년이란 오랜 전통을 가진, 장인정신으로 만들어진 명품입니다.

고객 : 부모님께 선물할 향수를 좀 추천해 주세요.

직원 : 이 제품들은 저희 매장에서 가장 잘 팔리는 상품입니다. 보시겠습니까?

고객 : 이 제품 중에 인기 있는 상품은 어떤 것인가요?

직원 : 이 제품입니다.

고객 : 추천해 주신 상품이 마음에 들어요, 이걸로 할게요.

직원 : 제품에 이상이 없는지 다시 한번 확인해 드리겠습니다. 손님께서도 천천히 한번 봐주세요.

고객 : 확인했습니다, 이상 없네요.

직원 : 네. 이쪽에서 계산해드리겠습니다. 여권과 탑승권을 보여주세요.

고객 : 여기 있습니다.

직원 : 네, 여기에 서명해 주세요. 그리고 영수증은 여기에 있습니다.

고객 : 감사합니다.

직원 : 100ml 이내의 액체류 상품은 투명 봉투에 넣어야 기내에 휴대 가능합니다. 이 포장(투명봉투)은 항공기 딥승 진에 질대로 개봉하시먼 안 됩니다. 웨손 시에는 반입이 금지되니, 도착지까지 절대로 열지 마세요.

고객 : 알겠습니다, 감사합니다!

직원 : 다음에 또 찾아주세요!

플러스 문장 | 补充文章

이쪽에 올 봄여름(가을/겨울) 신상품이 진열되어 있습니다.

这里陈列着今年春夏(秋天/冬天)的新商品。

Zhèlǐ chénliè zhe jīnnián chūnxià(qiūtiān/dōngtiān)de xīn shāngpǐn.

여기에는 작년 이월 할인제품들이 진열되어 있습니다.

这里陈列着去年过季打折商品。

Zhèlǐ chénliè zhe qùnián guòjì dǎzhé shāngpǐn.

죄송합니다. 찾으시는 제품은 품절(sold-out)되었습니다.

对不起，您想找的产品已经售罄。

Duìbùqǐ, nín xiǎng zhǎo de chǎnpǐn yǐjīng shòuqìng.

이 상품은 품절되어 조만간 재입고될 예정입니다.

这产品断货了，打算近期再进一些货。

Zhè chǎnpǐn duànhuò le, dǎsuàn jìnqī zài jìn yìxiē huò.

이 상품은 품절되어 더 이상 입고되지 않습니다.

这产品断货了，不能再进货了。

Zhè chǎnpǐn duànhuò le, bùnéng zài jìnhuò le.

이 상품은 품절된 지 한 달이 되었습니다.

这产品断货一个月了。

Zhè chǎnpǐn duànhuò yíge yuè le.

재입고되면 연락드리겠습니다.

再进货的话联系您。

Zài jìnhuò dehuà liánxì nín.

이 제품은 마지막 상품입니다.

该产品是最后一个产品。

Gāi chǎnpǐn shì zuì hòu yíge chǎnpǐn.

재고가 없습니다.

没有库存。

Méiyǒu kùcún.

출국 시 상품을 인도하지 않으면 30일 경과 후 자동 구매 취소가 됩니다.

如果产品在出境时未移交，超过30天会自动取消购买。

Rúguǒ chǎnpǐn zài chūjìng shí wèi yíjiāo, chāoguò sānshí tiān huì zìdòng qǔxiāo gòumǎi.

인도장에서 교환권과 여권을 제시하시면 상품을 인도 받으실 수 있습니다.

在商品领取处签收您的商品时，请出示您的兑换凭证和护照。

Zài shāngpǐn lǐngqǔ chù qiānshōu nín de shāngpǐn shí, qǐng chūshì nín de duìhuàn píngzhèng hé hùzhào.

상품을 받으신 후 서명을 해 주세요.

接收商品后，请签名。

Jiēshōu shāngpǐn hòu, qǐng qiānmíng.

플러스 어휘 | 补充单词

■ 국내 국제공항

☐ 인천국제공항	仁川国际机场	Rénchuān guójì jīchǎng
☐ 김포국제공항	金浦国际机场	Jīnpǔ guójì jīchǎng
☐ 김해국제공항	金海国际机场	Jīnhǎi guójì jīchǎng
☐ 제주국제공항	济州国际机场	Jìzhōu guójì jīchǎng
☐ 대구국제공항	大邱国际机场	Dàqiū guójì jīchǎng
☐ 청주국제공항	清州国际机场	Qīngzhōu guójì jīchǎng
☐ 무안국제공항	务安国际机场	Wù'ān guójì jīchǎng
☐ 양양국제공항	襄阳国际机场	Xiāngyáng guójì jīchǎng
☐ 제1터미널	第一航站楼	dìyī hángzhànlóu
☐ 제2터미널	第二航站楼	dì'èr hángzhànlóu

플러스 어휘 | 补充单词

■ 국내 국제항만

☐ 인천항	仁川港	rénchuān gǎng
☐ 부산항	釜山港	fǔshān gǎng
☐ 제주항	济州港	jìzhōu gǎng
☐ 여수항	丽水港	lìshuǐ gǎng
☐ 광양항	光阳港	guāngyáng gǎng
☐ 울산항	蔚山港	yùshān gǎng
☐ 국제여객터미널	国际客轮客运站	guójì kèlún kèyùn zhàn

연습문제 | 练习题

1. 괄호 안에 들어갈 단어를 보기에서 고르세요.

> [보기]　欢迎　　人气　　推荐　　品牌　　确认

1) 第一次听说这个(　　　　　)，是哪国的商品呢?

2) 请给我(　　　　)一下送给父母的香水。

3) 这些产品中哪款是(　　　　)产品?

4) 请您也慢慢(　　　　)一下。

5) (　　　　)您下次再来!

2. 아래 한국어 문장을 중국어로 번역하세요.

1) 찾으시는 상품 있으십니까?

_____

2) 부모님께 선물할 향수를 좀 추천해 주세요.

_____

3) 이 제품들은 저희 매장에서 가장 잘 팔리는 상품입니다.

_____

4) 추천해 주신 상품이 마음에 드는군요.

_____

5) 제품에 이상이 없는지 다시 확인해 드리겠습니다.

_____

6) 이쪽에서 계산해드리겠습니다.

_____

7) 100ml 이내의 액체류 상품은 투명 봉투에 넣어야 기내에 휴대 가능합니다.

_____

8) 이 포장(투명봉투)은 항공기 탑승 전에 절대로 개봉하시면 안 됩니다.

_____

9) 훼손 시에는 반입이 금지되니 도착지까지 절대로 열지 마세요.

_____

10) 다음에 또 찾아주세요!

_____

정답 | 正确答案

1. 1) 品牌
   2) 推荐
   3) 人气
   4) 确认
   5) 欢迎

2. 1) 您要找什么商品?
   2) 请给我推荐一下送给父母的香水。
   3) 这些产品是我们卖场卖得最好的产品。
   4) 我很喜欢你推荐的商品。
   5) 我再次确认一下商品是否有问题。
   6) 请到这边来结账。
   7) 100毫升以内的液体商品必须装在透明的包装袋里才可以带上飞机。
   8) 这个包装 (透明袋子) 在登机前绝对不能拆封。
   9) 损毁时将禁止带入，到达目的地之前绝对不要打开。
   10) 欢迎您下次再来!

면세점 이야기

■ 기내 반입 수하물 규정

비행기 기종이나 비행기 좌석 등급에 따라 항공사별 수하물 규정은 조금씩 다르다. 대한항공 일반석인 경우 가로, 세로, 높이의 세 변의 합이 115cm, 중량이 10kg (22 파운드)인 수하물 1개가 허용된다.

해외로 나가는 출국자가 면세점에서 제일 많이 구입하는 상품은 화장품이다. 이를 기내 객실에 반입하려면 액체류 규정에 따라 포장해야만 한다.

  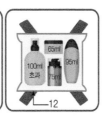 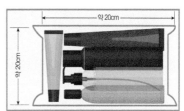

면세점에서 구매한 액체물품 LAGs(액체, 분무, 겔류, Liquids, Aerosols and Gels)는 면세점에서 제공하는 STEB(Security Tamper Evidence Bag)에 넣어 구입 시 받은 영수증과 함께 동봉하고 최종 목적지에 도착할 때까지 개봉하지 말아야 한다. 1인당 1L 비닐 지퍼 백에 개별 용기당 100ml 이내의 액체만 통관할 수 있도록 허용되어 있으니, 이 부분을 잘 숙지해서 설명해야 한다.

第4课

入境免税店
指南

入국장 면세점 이용 안내

단어 | 生词

☐	入境免税店	rùjìng miǎnshuìdiàn	입국장 면세점
☐	原来	yuánlái	원래, 본래, 알고 보니
☐	方便	fāngbiàn	편리하다
☐	入境	rùjìng	입국하다
☐	旅客	lǚkè	여객, 여행자
☐	免税	miǎnshuì	면세하다, 면세되다
☐	价格	jiàgé	가격
☐	购买	gòumǎi	구입하다, 구매하다
☐	品牌	pǐnpái	상표, 브랜드
☐	并不	bìngbù	결코 …하지 않다
☐	多样	duōyàng	다양, 다양하다
☐	限额	xiàn'é	한도액
☐	美元	měiyuán	미국 달러(dollar)
☐	以下	yǐxià	이하
☐	酒	jiǔ	술
☐	化妆品	huàzhuāngpǐn	화장품
☐	食品	shípǐn	식품
☐	日用品	rìyòngpǐn	일용품, 생활필수품

☐	等	děng	~등(열거한 사물의 낱낱 또는 집합의 뜻으로 한정함을 나타내는 말)
☐	特别	tèbié	특히, 각별히, 특별하다, 특이하다
☐	找	zhǎo	찾다, 구하다
☐	倒	dào	오히려, 도리어
☐	使用	shǐyòng	사용하다, 적용하다
☐	折扣	zhékòu	할인, 할인하다
☐	以	yǐ	~로(써), ~에 따라
☐	低廉	dīlián	싸다, 저렴하다
☐	茅台酒	máotáijiǔ	마오타이지우, 모태주
☐	通关	tōngguān	통관
☐	绝对	juéduì	절대로, 반드시
☐	打开	dǎkāi	열다, 개봉하다
☐	超过	chāoguò	초과하다
☐	报关	bàoguān	통관 수속을 하다, 세관에 신고하다
☐	计入	jìrù	계산에 넣다
☐	原来如此	yuánlái rúcǐ	과연 그렇다, 알고 보니 그렇다

회화 | 会话

店员：您好，这里是入境免税店。
Nínhǎo, zhèlǐ shì rùjìng miǎnshuìdiàn.

顾客：原来这里也有免税店。
Yuánlái zhèlǐ yě yǒu miǎnshuìdiàn.

店员：这里是为了方便入境的旅客也可以以免税的价格购买商品的免税店。
Zhèlǐ shì wèile fāngbiàn rùjìng de lǚkè yě kěyǐ yǐ miǎnshuì de jiàgé gòumǎi shāngpǐn de miǎnshuìdiàn.

顾客：品牌并不很多样嘛。
Pǐnpái bìng bù hěn duōyàng ma.

店员：入境免税店的购买限额是600美元。因为这里是600美元以下的商品，所以品牌并不多。但是也有酒、化妆品、食品、日用品等多种商品。
Rùjìng miǎnshuìdiàn de gòumǎi xiàn'é shì liùbǎi měiyuán. Yīnwèi zhèlǐ shì liùbǎi měiyuán yǐxià de shāngpǐn, suǒyǐ pǐnpái bìng bù duō. Dànshì yě yǒu jiǔ, huàzhuāngpǐn, shípǐn, rìyòngpǐn děng duōzhǒng shāngpǐn.

顾客：中国酒在哪一边？
Zhōngguó jiǔ zài nǎ yìbiān?

店员：在这边。您有特别要找的品牌吗？
Zài zhèbiān. Nín yǒu tèbié yào zhǎo de pǐnpái ma?

顾客：那倒是没有。
Nà dào shì méiyǒu.

店员：如果您还没有购买酒类商品，可以在这里购买。那可以使用折扣以低廉的价格购买。
Rúguǒ nín hái méiyǒu gòumǎi jiǔlèi shāngpǐn, kěyǐ zài zhèlǐ gòumǎi. Nà kěyǐ shǐyòng zhékòu yǐ dīlián de jiàgé gòumǎi.

顾客：那么请给我一瓶茅台酒。
Nàme qǐng gěi wǒ yì píng máotáijiǔ.

店员：好的，请到这儿来给您结账。
Hǎo de, qǐng dào zhèr lái gěi nín jiézhàng.

(结账后)
(Jiézhàng hòu)

店员：给您。在入境免税店购买的物品在通关前绝对不能打开，收据也会一起放在里面。
Gěi nín. Zài rùjìng miǎnshuìdiàn gòumǎi de wùpǐn zài tōngguān qián juéduì bùnéng dǎkāi, shōujù yě huì yìqǐ fàngzài lǐmiàn.

顾客：我之前在市内免税店已经买了500美金的商品，现在再加一瓶茅台酒的话就会超过600美金的，这样我是否需要向海关申报？
Wǒ zhīqián zài shìnèi miǎnshuìdiàn yǐjīng mǎi le wǔbǎi měijīn de shāngpǐn, xiànzài zài jiā yì píng máotáijiǔ de huà jiù huì chāoguò liùbǎi měijīn de, zhèyàng wǒ shìfǒu xūyào xiàng hǎiguān shēnbào?

店员：一瓶酒、一包香烟、60毫升以下香水可免税购买。您在市内免税店购买的商品金额不超过免税限额，所以您不需要向海关申报。

Yì píng jiǔ, yì bāo xiāngyān, liùshí háoshēng yǐxià xiāngshuǐ kě miǎnshuì gòumǎi. Nín zài shìnèi miǎnshuìdiàn gòumǎi de shāngpǐn jīn'é bù chāoguò miǎnshuì xiàn'é, suǒyǐ nín bù xūyào xiàng hǎiguān shēnbào.

顾客：原来如此，知道了。

Yuánlái rúcǐ, zhīdào le.

본문해석 | 课文翻译

직원 : 안녕하세요, 여기는 입국장 면세점입니다.

고객 : 여기도 면세점이 있네요.

직원 : 입국하시는 여행객 역시 면세 가격으로 편리하게 구매하실 수 있는 면세점입니다.

고객 : 브랜드가 다양하지는 않군요.

직원 : 입국장 면세점의 구매 한도는 600달러입니다. 600달러 이하의 상품들이 있어서 브랜드들이 다양하지는 않습니다. 그래도 주류, 화장품, 식품 잡화 등 다양한 상품들이 있습니다.

고객 : 중국술은 어느 쪽에 있어요?

직원 : 이쪽에 있습니다. 특별히 찾으시는 브랜드가 있으세요?

고객 : 그런 건 아니에요.

직원 : 주류 상품을 아직 구매하지 않으셨으면 여기서 구매하시면 됩니다. 그럼 할인이 적용되니 저렴한 가격으로 구입하실 수 있습니다.

고객 : 그럼 마오타이 한 병 주세요.

직원 : 네, 이쪽으로 오시면 계산해 드리겠습니다.

(계산 후)

직원 : 여기 있습니다. 입국장 면세점에서 구매하신 물품은 세관통과 전까지 절대로 개봉하실 수 없습니다. 영수증도 비닐가방 안에 넣어드리겠습니다.

고객 : 제가 출국 전에 시내면세점에서 500달러 상품을 이미 구매를 해서 오늘 마오타이 술 한 병을 사면 600달러가 넘는데, 그럼 세관신고를 해야 하나요?

직원 : 주류 한 병과 담배 한 보루, 향수 60ml 이하 한 병은 면세 한도에 포함되지 않습니다. 고객님께서 시내면세점에서 구매하신 금액은 면세 범위를 초과하지 않으셨기 때문에 세관신고를 하지 않으셔도 됩니다.

고객 : 그렇군요, 알겠습니다.

플러스 문장 | 补充文章

해외여행객의 휴대품 면세한도는 주류 한 병, 담배 한 보루, 향수 60ml 이하 한 병입니다.

海外旅客随身携带物品的免税限额是1瓶酒，1条香烟，1瓶60毫升以下的香水。

Hǎiwài lǚkè suíshēn xiédài wùpǐn de miǎnshuì xiàn'é shì yì píngjiǔ, yì tiáo xiāngyān, yì píng liùshí háoshēng yǐxià de xiāngshuǐ.

입국장 면세점에서는 향수 냄새를 맡아보실 수 없습니다.

在入境免税店不能试闻香水。

Zài rùjìng miǎnshuìdiàn bùnéng shìwén xiāngshuǐ.

면세 한도를 넘은 물품은 자진신고를 하시면 됩니다.

如果有超出免税限额的物品，您可以自行申报。

Rúguǒ yǒu chāochū miǎnshuì xiàn'é de wùpǐn, nín kěyǐ zìxíng shēnbào.

자진신고를 하시면 관세의 30%를 감면받으실 수 있습니다.

如果自行申报，可以减免30％的关税。

Rúguǒ zìxíng shēnbào, kěyǐ jiǎnmiǎn bǎifēnzhī sānshí de guānshuì.

결제할 때 전화번호 입력은 필수사항입니다. 전화번호를 입력하지 않으면 결제 화면으로 넘어가지 않습니다.

结算时输入电话号码是必须事项。如果不输入电话号码，就不会转到支付画面。

Jiésuàn shí shūrù diànhuà hàomǎ shì bìxū shìxiàng. Rúguǒ bù shūrù diànhuà hàomǎ, jiù búhuì zhuǎn dào zhīfù huàmiàn.

여권 하나에 주류 한 병과 담배 한 보루만 구입 가능합니다. 그렇지 않으면 세관으로 바로 신고됩니다.

一个护照只能购买一瓶酒和一包香烟。否则要马上向海关申报。

Yígè hùzhào zhǐnéng gòumǎi yì píng jiǔ hé yì bāo xiāngyān. Fǒuzé yào mǎshàng xiàng hǎiguān shēnbào.

출국할 때 구매하셨더라도 현재 가지고 계시는 주류(담배)가 없으시면 한 병(한 보루) 구입 가능하십니다.

即使出境时购买过，但目前没有随身携带酒类(香烟)，也可以再购买一瓶(一包)。

Jíshǐ chūjìng shí gòumǎi guò, dàn mùqián méiyǒu suíshēn xiédài jiǔlèi (xiāngyān), yě kěyǐ zài gòumǎi yì píng(yì bāo).

선물로 받은 술이라도 이미 한 병을 휴대하고 계실 경우, 한 병을 더 구매하시는 건 가능하시지만 세관에 신고하셔야 합니다.

即使是作为礼物收到的酒，如已携带一瓶，也可以再购买一瓶，但需要向海关申报。

Jíshǐ shì zuòwéi lǐwù shōudào de jiǔ, rú yǐ xiédài yì píng, yě kěyǐ zài gòumǎi yì píng, dàn xūyào xiàng hǎiguān shēnbào.

카트는 매장으로 가지고 들어가실 수 없습니다. 지정된 장소에 두시고 캐리어만 가지고 입장해 주시기 바랍니다.

购物车不能带进卖场。请放在指定地点，只带行李箱入场。

Gòuwùchē bùnéng dài jìn màichǎng. Qǐng fàngzài zhǐdìng dìdiǎn, zhǐdài xínglǐxiāng rùchǎng.

플러스 어휘 | 补充单词

■ 필수 단위 표현

□ 里	lǐ	리(500미터를 1리(里)로 함)
□ 公里	gōnglǐ	킬로미터(km)
□ 公尺	gōngchǐ	미터(meter)
□ 升	shēng	리터(liter)
□ 毫升	háoshēng	밀리리터(ml)
□ 公斤	gōngjīn	킬로그램(kg)
□ 克	kè	그램(gramme)
□ 斤	jīn	근(약 500그램)

연습문제 | 练习题

1. 괄호 안에 들어갈 단어를 보기에서 고르세요.

> [보기]　在　　如此　　免税店　　等　　还

1) 原来这里也有(　　　　)。

2) 但是也有酒、化妆品、食品、日用品(　　　　)多种商品。

3) 中国酒(　　　　)哪一边?

4) 如果您(　　　　)没有购买酒类商品, 可以在这里购买。

5) 原来(　　　　)。

2. 아래 한국어 문장을 중국어로 번역하세요.

1) 여기는 입국장 면세점입니다.

_____

2) 입국하시는 여행객 역시 면세가격으로 편리하게 구매하실 수 있는 면세점입니다.

_____

3) 브랜드가 다양하지는 않군요.

_____

4) 입국장 면세점의 구매한도는 600달러입니다 .

_____

5) 주류, 화장품, 식품 잡화 등 다양한 상품들이 있습니다.

_____

6) 할인이 적용되니 저렴한 가격으로 구입하실 수 있습니다.

_____

7) 마오타이 한 병 주세요.

_____

8) 이쪽에서 계산해 드리겠습니다.

_____

9) 입국장 면세점에서 구매하신 물품은 세관통과 전까지 절대로 개봉하실 수 없습니다.

_____

_____

10) 주류 한 병과 담배 한 보루, 향수 60ml 이하 한 병은 면세 한도로 구매할
수 있습니다.

_____

_____

정답 | 正确答案

1. 1) 免税店
   2) 等
   3) 在
   4) 还
   5) 如此

2. 1) 这里是入境免税店。
   2) 这里是为了方便入境的旅客也可以以免税的价格购买商品的免税店。
   3) 品牌并不很多样嘛。
   4) 入境免税店的购买限额是600美元。
   5) 这里也有酒、化妆品、食品、日用品等多种商品。
   6) 可以使用折扣以低廉的价格购买。
   7) 请给我一瓶茅台酒。
   8) 请到这儿来给您结账。
   9) 在入境免税店购买的物品在通关前绝对不能打开。
   10) 一瓶酒、一包香烟、60毫升以下香水可免税购买。

면세점 이야기

■ 입국장 면세점

입국장 면세점은 내국인 여행자들이 출국장이나 시내면세점에서 구매한 면세품을 여행 내내 들고 다니는 불편함을 덜고, 해외에서의 소비를 국내로 전환하기 위해 2019년 5월 인천국제공항에 처음 설치되었다.

입국장 면세점에서는 관세법에 따라 미화 600달러 이하로 구매할 수 있으며 입국장 면세점에서 판매되는 국산품을 구매할 때는 면세범위에서 우선 공제된다. 1L 이하 400달러를 초과하지 않는 술 한 병, 60ml 이하의 향수 한 병, 200개비 이하의 담배 한 보루는 별도의 면세범위에 해당하기 때문에 기본 면세한도인 1인당 미화 600달러 한도에 포함되지 않고 추가로 구매할 수 있다.

입국장 면세점에서는 주로 술, 담배, 향수, 건강식품 등 상품의 판매가 많이 이루어지고 있다. 입국장 면세점에서는 마약탐지견에게 영향을 주지 않기 위해 화장품과 향수 시향은 불가능하다.

第5课

结账与
免税店优惠

결제와 면세점 혜택

단어 | 生词

☐ 套	tào	세트, 벌, 조
☐ 会员卡	huìyuánkǎ	멤버십 카드 (membership card)
☐ 办理	bànlǐ	처리하다, 취급하다, 해결하다
☐ 根据	gēnjù	근거하다, 의거하다, 따르다
☐ 金额	jīn'é	금액
☐ 积分	jīfēn	포인트, 적립
☐ 像~一样	xiàng~yíyàng	~와(과) 같이
☐ 办	bàn	처리하다, 취급하다, 다루다
☐ 服务台	fúwùtái	안내 데스크, 프런트 데스크, 서비스 카운터
☐ 登记	dēngjì	등록, 등록하다
☐ 个人	gèrén	개인
☐ 信息	xìnxī	정보, 소식
☐ 层	céng	층
☐ 墨镜	mòjìng	선글라스
☐ 信用卡	xìnyòngkǎ	신용 카드
☐ 现金	xiànjīn	현금
☐ 银卡	yínkǎ	실버 카드
☐ 打折	dǎ zhé	할인하다
☐ 超限	chāoxiàn	한도를 초과하다

회화 | 会话

顾客：那就买六套吧。
　　　Nà jiù mǎi liù tào ba.

店员：请来这边结账。请问，有我们免税店的VIP会员卡吗？
　　　Qǐng lái zhèbiān jiézhàng. Qǐngwèn, yǒu wǒmen miǎnshuìdiàn de VIP
　　　huìyuánkǎ ma?

顾客：没有。VIP会员卡是什么？
　　　Méiyǒu. VIP huìyuánkǎ shì shénme?

店员：办理会员卡的话，可根据您的购买金额进行积分，积分可以
　　　像现金一样使用。
　　　Bànlǐ huìyuánkǎ dehuà, kě gēnjù nín de gòumǎi jīn`é jìnxíng jīfēn,
　　　jīfēn kěyǐ xiàng xiànjīn yíyàng shǐyòng.

顾客：怎么办会员卡呢？
　　　Zěnme bàn huìyuánkǎ ne?

店员：在服务台登记您的个人信息后，就会马上给你办理。
　　　Zài fúwùtái dēngjì nín de gèrén xìnxī hòu, jiù huì mǎshàng gěi nǐ
　　　bànlǐ.

顾客：服务台在哪儿？
　　　Fúwùtái zài nǎr?

店员：在9层墨镜卖场的旁边，您可以先去那边办理一张会员卡再回来。
　　　Zài jiǔ céng mòjìng màichǎng de pángbiān, nín kěyǐ xiān qù nàbiān
　　　bànlǐ yìzhāng huìyuánkǎ zài huílái.

顾客：好的，我知道了。
Hǎo de, wǒ zhīdào le.

(办理会员卡后)
(bànlǐ huìyuánkǎ hòu)

顾客：请帮我结账。
Qǐng bāng wǒ jiézhàng.

店员：您是用信用卡还是用现金？
Nín shì yòng xìnyòngkǎ háishì yòng xiànjīn?

顾客：信用卡。
Xìnyòngkǎ.

店员：因为有银卡，可以打9.5折。
Yīnwèi yǒu yínkǎ, kěyǐ dǎ jiǔ wǔ zhé.

(进行结算)
(jìnxíng jiésuàn)

店员：信用卡超限了，还有别的卡吗？
Xìnyòngkǎ chāoxiàn le, háiyǒu biéde kǎ ma?

顾客：是吗？这儿有别的卡。
Shì ma? Zhèr yǒu biéde kǎ.

店员：这张卡可以结账。请您在这里签个名。
Zhè zhāng kǎ kěyǐ jiézhàng. Qǐng nín zài zhèlǐ qiān ge míng.

顾客：好的。
Hǎo de.

본문해석 | 课文翻译

고객 : 그럼 6세트를 구매하겠습니다.

직원 : 이쪽으로 오시면 결제를 도와 드리겠습니다. 혹시 저희 면세점의 VIP 멤버십 카드가 있으십니까?

고객 : 없습니다. VIP 멤버십 카드가 뭔가요?

직원 : 멤버십 카드를 만드시면, 구매금액에 따라 포인트 적립도 되고, 적립금은 현금처럼 사용 가능합니다.

고객 : 멤버십 카드는 어떻게 만들 수 있나요?

직원 : 안내데스크에서 고객 인적사항을 등록하시면 바로 발급해 드립니다.

고객 : 안내데스크는 어디에 있어요?

직원 : 9층 선글라스 매장 옆에 있습니다. 먼저 그곳에 가셔서 VIP 멤버십 카드를 발급 받고 오시면 됩니다.

고객 : 네, 그렇게 하겠습니다.

(멤버십 카드 발급 후)

고객 : 그 상품으로 결제해 주세요.

직원 : 카드로 결제하시겠습니까, 아니면 현금으로 결제하시겠습니까?

고객 : 카드로 결제하겠습니다.

직원 : 실버 카드가 있으시니 (상품 가격에서) 5% 추가 할인됩니다.

(결제 진행)

직원 : 신용카드 한도 초과가 되었습니다. 다른 카드는 없으세요?

고객 : 그래요? 여기 다른 카드 있습니다.

직원 : 이 카드는 결제가 가능합니다. 여기에 서명 부탁드립니다.

고객 : 알겠습니다.

플러스 문장 | 补充文章

두 개를 구매하시면 한 개를 더 드리는 행사를 하고 있습니다.

现在在做买二送一的活动。

Xiànzài zài zuò mǎi èr sòng yī de huódòng.

여기에서는 중국의 은련카드(China Union Pay)로 계산하실 수 있습니다.

这里可以用中国的银联卡结账。

Zhèlǐ kěyǐ yòng zhōngguó de yínliánkǎ jiézhàng.

위챗페이로 결제하겠습니다.

我用微信支付。

Wǒ yòng wēixìn zhīfù.

유니온 페이 어플로도 결제가 가능합니다.

可以使用银联支付APP结账。

Kěyǐ shǐyòng yínlián zhīfù APP jiézhàng.

모바일로 결제할 수 있습니다.

可以使用手机结账。

Kěyǐ shǐyòng shǒujī jiézhàng.

구매 금액별 증정 행사가 있습니다. 3000달러 이상 구매하시면 한화 20만 원 증정을 선불카드를 드립니다.

根据购买金额有赠品活动。如果购买金额超3000美元，赠送一张
20万元韩币的代金卡。

Gēnjù gòumǎi jīn'é yǒu zèngpǐn huódòng. Rúguǒ gòumǎi jīn'é chāo sānqiān
měiyuán, zèngsòng yìzhāng èrshí wànyuán hánbì de dàijīnkǎ.

선불카드로 자유롭게 상품을 구매할 수 있습니다. 단 일부 브랜드에서는 사용
할 수 없습니다.

您可以使用代金卡购买商品。但是部分品牌不能使用。
Nín kěyǐ shǐyòng dàijīnkǎ gòumǎi shāngpǐn. Dànshì bùfèn pǐnpái bùnéng
shǐyòng.

환불하실 경우에는 증정된 선불카드는 반납하셔야 합니다.

如果出现退款的情况，必须退还代金卡。
Rúguǒ chūxiàn tuìkuǎn de qíngkuàng, bìxū tuìhuán dàijīnkǎ.

VIP 카드는 구매금액에 따라 silver, gold, platinum 등으로 등급별로 발행됩
니다.

VIP卡根据购买金额，按银，金，铂金等等级发行。
VIPkǎ gēnjù gòumǎi jīn'é, àn yín, jīn, bójīn děng děngjí fāxíng.

일부 브랜드에서는 VIP 카드를 사용하실 수 없습니다.

部分品牌不能使用VIP卡。
Bùfèn pǐnpái bùnéng shǐyòng VIPkǎ.

구매금액에 따라 멤버십 카드는 업그레이드 가능합니다.

根据购买金额可以升级会员卡。
Gēnjù gòumǎi jīn'é kěyǐ shēngjí huìyuánkǎ.

실버카드는 5% 할인혜택을 받으실 수 있습니다.

银卡可以享受9.5折优惠。
Yínkǎ kěyǐ xiǎngshòu jiǔ wǔ zhé yōuhuì.

각 멤버십 카드마다 할인혜택이 다릅니다.

每种会员卡都有不同的折扣优惠。
Měizhǒng huìyuánkǎ dōu yǒu bùtóng de zhékòu yōuhuì.

100달러는 현금으로 지불하고 나머지는 카드로 계산하겠습니다.

用现金结100美元，剩下的用卡结。

Yòng xiànjīn jié yìbǎi měiyuán, shèngxià de yòng kǎ jié.

카드 결제 시 자국 화폐로 결제하실 수 있습니다.

用卡结账时，可使用本国货币进行结帐。

Yòngkǎ jiézhàng shí, kě shǐyòng běnguó huòbì jìnxíng jiézhàng.

포인트 적립도 가능합니다.

也可以累积积分。

Yě kěyǐ lěijī jīfēn.

결제는 엔화(日元)나 달러 둘 다 가능합니다.

日元和美元都可以结账。

Rìyuán hé měiyuán dōu kěyǐ jiézhàng.

플러스 어휘 | 补充单词

☐ 증정행사	赠送活动	zèngsòng huódòng
☐ 할인행사	打折活动	dǎzhé huódòng
☐ 포인트	积分	jīfēn
☐ 적립	积累	jīlěi
☐ 10% 할인	九折	jiǔ zhé
☐ 업그레이드	升级	shēngjí
☐ 선불카드	预付卡/代金卡	yùfùkǎ/dàijīnkǎ
☐ 실버카드	银卡	yínkǎ
☐ 골드카드	金卡	jīnkǎ
☐ 플래티넘 카드(platinum card)	白金卡	báijīnkǎ
☐ 블랙키드(black card)	黑卡	hēikǎ
☐ 제휴할인 카드	合作折扣卡	hézuò zhékòukǎ
☐ 모바일 결제	手机支付	shǒujī zhīfù
☐ 알리페이	支付宝	zhīfùbǎo
☐ 위챗페이	微信支付	wēixìn zhīfù
☐ 온라인결제 서비스	网上支付	wǎngshàng zhīfù
☐ 신용한도	信用限额	xìnyòng xiàn'é
☐ 할부결제	分期付款	fēnqī fùkuǎn
☐ 백화점 상품권	百货店商品券	bǎihuòdiàn shāngpǐnquàn
☐ 호텔 상품권	酒店代金券	jiǔdiàn dàijīnquàn

연습문제 | 练习题

1. 괄호 안에 들어갈 단어를 보기에서 고르세요.

> [보기] 别   套   哪儿   办   什么

1) 那就买六(   )吧。

2) VIP会员卡是(   )?

3) 怎么(   )会员卡呢?

4) 服务台在(   )?

5) 是吗?这儿有(   )的卡。

2. 아래 한국어 문장을 중국어로 번역하세요.

  1) 이쪽으로 오시면 결제를 도와드리겠습니다.

  _____

  2) 저희 면세점의 VIP 멤버십 카드가 있으십니까?

  _____

  3) 멤버십 카드를 만드시면, 구매금액에 따라 포인트 적립됩니다.

  _____

  4) 적립금은 현금처럼 사용 가능합니다.

  _____

  5) 안내데스크에서 고객 인적사항을 등록하시면 바로 발급해 드립니다.

  _____

  6) 먼저 그곳에 가셔서 VIP 멤버십 카드를 발급 받고 오시면 됩니다.

  _____

  7) 카드로 결제하시겠습니까, 아니면 현금으로 결제하시겠습니까?

  _____

  8) 실버 카드가 있으시니 (상품 가격에서) 5% 추가 할인됩니다.

  _____

  9) 신용카드 한도 초과가 되었습니다. 다른 카드는 없으세요?

  _____

  10) 여기에 서명 부탁드립니다.

  _____

정답 | 正确答案

1. 1) 套

2) 什么

3) 办

4) 哪儿

5) 别

2. 1) 请来这边结账。

2) 请问，有我们免税店的VIP会员卡吗?

3) 办理会员卡的话，可根据您的购买金额积分。

4) 积分可以像现金一样使用。

5) 在服务台登记您的个人信息后，就会马上给你办理。

6) 您可以先去那边办理一张会员卡再回来。

7) 您是用信用卡还是用现金?

8) 因为有银卡，可以打9.5折。

9) 信用卡超限了，还有别的卡吗?

10) 请您在这里签个名。

면세점 이야기

■ 한류마케팅

[사진 출처 : 롯데면세점 홈페이지]

2000년대에 배우 배용준과 최지우가 나온 드라마 <겨울연가>가 일본에서 큰 인기를 얻으면서 한류 드라마 붐이 일본에서 일어났다. 롯데 면세점에서는 한류 스타인 배용준을 최초로 면세점 모델로 기용했고 이를 시작으로 각 면세점들은 비, 전지현, 동방신기, 슈퍼주니어, 샤이니 트와이스 등의 한류 스타와 안젤라베이비 등 해외 스타들을 면세점 모델로 발탁하였다. 이 시기부터 중국, 일본을 넘어 동남아까지 한국에 관광객을 유치하는 발판이 되었고 또한 롯데면세점, 신라면세점의 해외 진출이 가속화되었다. 최근에는 전 세계에서 열풍을 일으키고 있는 BTS까지 면세점 모델이 되어 면세점이 한류 문화의 전파에 역할을 하고 있다.

면세점들은 단순하게 상품을 판매하는 것에 그 역할을 한정시키는 것이 아닌 관광객들에게 볼거리와 즐길 거리를 동시에 만족시키고자 관광과 엔터테인먼트를 결합한 마케팅을 꾸준히 하고 있다. 2006년부터 롯데면세점의 패밀리 콘서트는 매년 진행이 되고 있다. 그 인기가 꽤 많아 2021년에는 코로나로 랜선 패밀리 콘서트를 개최했는데 여기에 70만 명의 회원을 유치했으며 회원의 91%가 외국인이라고 한다.

第6课

换货与退货

교환과 반품

단어 | 生词

☐ 皮包	píbāo	가죽 가방, 가방	
☐ 专柜	zhuānguì	전문 판매대(코너)	
☐ 时尚包	shíshàng bāo	패션 가방	
☐ 礼物	lǐwù	선물	
☐ 换	huàn	교환하다, 바꾸다	
☐ 不好意思	bùhǎoyìsi	미안하다, 죄송하다, 부끄럽다	
☐ 换货	huànhuò	물건을 바꾸다, 교환하다	
☐ 取消	qǔxiāo	취소하다	
☐ 近期	jìnqī	가까운 기일, 가까운 시기	
☐ 访问	fǎngwèn	방문하다	
☐ 计划	jìhuà	계획, 계획하다	
☐ 包装	bāozhuāng	포장, 포장하다	
☐ 邮件	yóujiàn	우편물	
☐ 寄	jì	부치다, 보내다	
☐ 拍	pāi	찍다, 촬영하다	
☐ 提前	tíqián	(예정된 시간이나 기한을) 앞당기다	
☐ 发	fā	보내다, 부치다	
☐ 运输	yùnshū	운송, 운송하다	
☐ 处理	chǔlǐ	처리하다, 해결하다	

☐	申报	shēnbào	(세관에) 신고하다
☐	退款	tuìkuǎn	환불하다
☐	刷卡	shuākǎ	카드로 결제하다
☐	退货	tuìhuò	반품하다
☐	自动	zìdòng	자동적인
☐	大概	dàgài	대강, 대략, 아마도
☐	日期	rìqī	날짜
☐	差异	chāyì	차이
☐	为了	wèile	~를 위하여
☐	准确	zhǔnquè	확실하다, 정확하다
☐	公司	gōngsī	회사

💬 **회화 | 会话**

店员：喂？您好! 这里是皮包专柜。
Wéi? Nín hǎo! Zhèlǐ shì píbāo zhuānguì.

顾客：您好，我在12月20号买了一个时尚包，在12月24号出国了。这个包是给妈妈买的礼物，但是妈妈不喜欢这个包，所以我想换个别的商品。
Nín hǎo, wǒ zài shí'èr yuè èrshí hào mǎi le yíge shíshàng bāo, zài shí'èr yuè èrshísì hào chūguó le. Zhège bāo shì gěi māma mǎi de lǐwù, dànshì māma bù xǐhuān zhège bāo, suǒyǐ wǒ xiǎng huàn ge bié de shāngpǐn.

店员：啊，是这样啊。不好意思顾客，我们免税商品是不能换货的。
A, Shì zhèyàng a. Bùhǎoyìsi gùkè, wǒmen miǎnshuì shāngpǐn shì bùnéng huànhuò de.

顾客：那，不好意思，可以取消购买吗？
Nà, bùhǎoyìsi, kěyǐ qǔxiāo gòumǎi ma?

店员：那是可以的。
Nà shì kěyǐ de.

顾客：那我想要取消，想要取消购买的话应该怎么做？
Nà wǒ xiǎng yào qǔxiāo, xiǎng yào qǔxiāo gòumǎi dehuà yīnggāi zěnme zuò?

店员：请问，您近期有访问韩国的计划吗？
Qǐng wèn, nín jìnqī yǒu fǎngwèn hánguó de jìhuà ma?

顾客：没有。
Méiyǒu.

店员：顾客，那这样吧。请您把商品包装好后，用邮件或者EMS寄到我们店里。然后拍下邮件和EMS的信息提前发给我们，或把运输信息告诉我们的话，我们会帮您处理。
Gùkè, nà zhèyàng ba. Qǐng nín bǎ shāngpǐn bāozhuāng hǎo hòu, yòng yóujiàn huòzhě EMS jìdào wǒmen diànli. Ránhòu pāi xià yóujiàn hé EMS de xìnxī tíqián fāgěi wǒmen, huò bǎ yùnshū xìnxī gàosù wǒmen dehuà, wǒmen huì bāng nín chǔlǐ.

顾客：为什么需要那些信息？
Wèishénme xūyào nàxiē xìnxī?

店员：因为我们需要提前向海关申报。
Yīnwèi wǒmen xūyào tíqián xiàng hǎiguān shēnbào.

顾客：好的，知道了。那么退款要怎么收呢？
Hǎo de, zhīdào le. Nàme tuìkuǎn yào zěnme shōu ne?

店员：确认了顾客的信息，您是刷卡结算的。我们退货处理后，经过海关确认，就会自动取消结算的。
Quèrèn le gùkè de xìnxī, nín shì shuākǎ jiésuàn de. Wǒmen tuìhuò chǔlǐ hòu, jīngguò hǎiguān quèrèn, jiù huì zìdòng qǔxiāo jiésuàn de.

顾客：那么，能确认大概什么时候可以取消吗？
Nàme, néng quèrèn dàgài shénme shíhòu kěyǐ qǔxiāo ma?

店员：信用卡取消的日期多少有些差异。为了准确的信息，请您向信用卡公司确认。
Xìnyòngkǎ qǔxiāo de rìqī duōshǎo yǒuxiē chāyì. Wèile zhǔnquè de xìnxī, qǐng nín xiàng xìnyòngkǎ gōngsī quèrèn.

📝 본문해석 | 课文翻译

직원 : 여보세요? 안녕하세요, 가방 코너입니다.

고객 : 안녕하세요. 저는 12월 20일에 패션 가방 하나를 구입해서 12월 24일 출국 했습니다. 어머니 선물용으로 구입했는데요, 어머니께서 가방이 마음에 안 들어 하셔서 다른 상품으로 교환을 하고 싶습니다.

직원 : 네, 그러시군요. 고객님 죄송하지만, 면세 상품은 교환이 불가능합니다.

고객 : 죄송하지만 구매 취소는 가능한가요?

직원 : 그건 가능합니다.

고객 : 그럼 취소할게요. 구매 취소하려면 어떻게 하나요?

직원 : 혹시 한국에 조만간 방문하실 계획이 있으세요?

고객 : 없습니다.

직원 : 그러시면 고객님, 상품을 잘 포장하신 후에 우편이나 EMS로 저희 매장으로 보내주세요. 그리고 우편이나 EMS 정보를 사진을 찍어서 저희에게 미리 보 내주시거나 운송 정보를 알려주시면, 처리해 드리겠습니다.

고객 : 그 정보가 왜 필요하신가요?

직원 : 저희가 세관에 미리 신고를 해야 해서요.

고객 : 알겠습니다. 그럼 환불은 어떻게 받을 수 있나요?

직원 : 고객님 정보를 확인해보니 카드로 결제하셨습니다. 저희가 상품을 반품 처 리하고 세관에서 확인이 되면, 자동으로 결제 취소가 될 겁니다.

고객 : 그럼 언제쯤 취소되었는지 확인할 수 있을까요?

직원 : 카드사마다 취소되는 날짜가 다소 차이가 있습니다. 정확한 정보를 위해서 는 카드사에 확인 부탁드립니다.

플러스 문장 | 补充文章

(반품 요청 시, 본인은 한국에 올 일정이 없으나 가까운 지인이 방문할 예정이 있는 경우)

(要求退货时，本人没有来韩国的日程，但有亲近的熟人计划访问的情况)

(Yāoqiú tuìhuò shí, běnrén méiyǒu lái hánguó de rìchéng, dàn yǒu qīnjìn de shúrén jìhuà fǎngwèn de qíngkuàng)

본인이 못 오시는 경우에는 고객님께서 직접 쓰신 위임장, 본인 여권 그리고 지인 여권, 구매영수증을 가지고 매장을 방문해 주시면 취소가 가능합니다.

本人不能来时，请携带顾客亲自写的委任状、本人护照和熟人护照、购买收据，访问本卖场即可取消。

Běnrén bùnéng lái shí, qǐng xiédài gùkè qīnzì xiě de wěirènzhuàng, běnrén hùzhào hé shúrén hùzhào, gòumǎi shōujù, fǎngwèn běn màichǎng jíkě qǔxiāo.

교환을 원하시면 구매하신 상품을 취소한 후에 재구매를 하셔야 합니다.

如需更换，需取消所购买商品后重新购买。

Rúxū gēnghuàn, xū qǔxiāo suǒ gòumǎi shāngpǐn hòu chóngxīn gòumǎi.

(한국 올 일정이 있는 경우)

(有来韩国的日程时)

(Yǒu lái hánguó de rìchéng shí)

상품이 600달러가 넘으셨으니 입국 시에 세관에 상품을 유치하시면 반품 처리할 수 있습니다.

商品超过600美元，入境时在海关留置商品即可退换。

Shāngpǐn chāoguò liùbǎi měiyuán, rùjìng shí zài hǎiguān liúzhì shāngpǐn jíkě tuìhuàn.

입국 시에 상품을 세관에 유치를 하면 세관원이 상품에 대한 유치증을 발급해
줍니다.

入境时,若将商品存留在海关，海关人员将会提供商品留置证。

Rùjìng shí, ruò jiāng shāngpǐn cúnliú zài hǎiguān, hǎiguān rényuán jiāng
huì tígōng shāngpǐn liúzhì zhèng.

유치증과 본인 여권을 가지고 매장에 오시면 상품 환불 처리가 가능합니다.

携带海关保管证和本人护照来到卖场，即可进行商品退款处理。

Xiédài hǎiguān bǎoguǎnzhèng hé běnrén hùzhào láidào màichǎng, jíkě
jìnxíng shāngpǐn tuìkuǎn chǔlǐ.

상품 금액이 600달러가 넘지 않았으니 매장에 직접 가지고 오시면 반품 처리해
드리겠습니다.

商品金额不超过600美元，直接带回卖场会为您办理退货。

Shāngpǐn jīné bù chāoguò liùbǎi měiyuán, zhíjiē dàihuí màichǎng huì wèi
nín bànlǐ tuìhuò.

결제는 상품을 받은 후에 자동 취소됩니다.

结算会在商品收到后自动取消。

Jiésuàn huì zài shāngpǐn shōudào hòu zìdòng qǔxiāo.

반품처리 기간은 15~20일 정도 걸립니다.

退货处理时间需要15到20天左右。

Tuìhuò chǔlǐ shíjiān xūyào shíwǔ dào èrshí tiān zuǒyòu.

상품이 세관에서 취소되어 매장으로 입고되는 시간은 10일 정도 걸립니다.

商品被海关取消到卖场进货的时间需要10天左右。

Shāngpǐn bèi hǎiguān qǔxiāo dào màichǎng jìnhuò de shíjiān xūyào shí
tiān zuǒyòu.

(출국 전에 취소를 요청하는 경우)

(出境前需要取消时)

(Chūjìng qián xūyào qǔxiāo shí)

죄송합니다만, 본인이 직접 오셔서 취소를 하셔야만 취소처리가 됩니다.

对不起，只有本人亲自来取消才可以进行取消处理。

Duìbùqǐ, zhǐyǒu běnrén qīnzì lái qǔxiāo cái kěyǐ jìnxíng qǔxiāo chǔlǐ.

이미 상품이 인도장으로 옮겨져서 취소가 불가능합니다.

商品已经转移到提货处，不能取消。

Shāngpǐn yǐjīng zhuǎnyí dào tíhuòchù, bùnéng qǔxiāo.

방문이 어려우시면 출국하실 때 인도장 직원에게 말씀해 주세요.

如果访问困难，请出国时告诉提货处职员。

Rúguǒ fǎngwèn kùnnán, qǐng chūguó shí gàosu tíhuòchù zhíyuán.

이 상품은 교환/환불이 불가능한 상품입니다.

这产品是不能换货/退货的商品。

Zhè chǎnpǐn shì bùnéng huànhuò/tuìhuò de shāngpǐn.

플러스 어휘 | 补充单词

☐ 세관공무원	海关官员	hǎiguān guānyuán
☐ 유치하다	保管/扣留	bǎoguǎn/kòuliú
☐ 유치증	海关保管证	hǎiguān bǎoguǎnzhèng
☐ 재구매하다	回购	huígòu
☐ 반품하다	退货	tuìhuò
☐ 환불하다	退款/退货	tuìkuǎn/tuìhuò
☐ 교환하다	交换/换货	jiāohuàn/huànhuò
☐ 소득공제	所得税抵扣	suǒdéshuìdǐkòu

🗐 연습문제 | 练习题

1. 괄호 안에 들어갈 단어를 보기에서 고르세요.

[보기]	确认	怎么	信息	取消	重新

1) 可以( )购买吗?

2) 想要取消购买的话应该( )做?

3) 为什么需要那些( )?

4) 那么, 能( )大概什么时候可以取消吗?

5) 如需更换 , 需取消所购头商品后( )购头。

2. 아래 한국어 문장을 중국어로 번역하세요.

1) 가방 코너입니다.

_____

2) 면세 상품은 교환이 불가능합니다.

_____

3) 혹시 한국에 조만간 방문하실 계획이 있으세요?

_____

4) 상품을 잘 포장하신 후에 우편이나 EMS로 저희 매장으로 보내주세요.

_____

5) 저희가 세관에 미리 신고를 해야 합니다.

_____

6) 저희가 상품을 반품 처리하고 세관에서 확인이 되면, 자동으로 결제 취소가
   될 겁니다.

_____

_____

7) 카드사마다 취소되는 날짜가 다소 차이가 있습니다.

_____

8) 정확한 정보를 위해서는 카드사에 확인 부탁드립니다.

_____

9) 유치증과 본인 여권을 가지고 매장에 오시면 상품 환불 처리가 가능합니다.

_____

10) 결제는 상품을 받은 후에 자동 취소됩니다.

_____

정답 | 正确答案

1. 1) 取消
   2) 怎么
   3) 信息
   4) 确认
   5) 重新

2. 1) 这里是皮包专柜。
   2) 我们免税商品是不能换货的。
   3) 请问, 您近期有访问韩国的计划吗?
   4) 请您把商品包装好后, 用邮件或者EMS寄到我们店里。
   5) 因为我们需要提前向海关申报。
   6) 我们退货处理后, 经过海关确认, 就会自动取消结算的。
   7) 信用卡取消的日期多少有些差异。
   8) 为了准确的信息, 请您向信用卡公司确认。
   9) 携带海关保管证和本人护照来到卖场, 即可进行商品退款处理。
   10) 结算会在商品收到后自动取消。

면세점 이야기

■ 제주 면세점과 하이난(海南) 면세점

　제주도를 국제자유도시로 조성하고, 세계적인 제주를 만들기 위한 안정된 재원을 마련하기 위해 국가차원에서 제주국제자유도시 특별법이 제정되었다. 이를 전담하는 기관으로 제주국제자유도시개발센터(JDC)가 만들어졌고 2002년에 12월 제주국제 공항 내 JDC 지정면세점이 처음 문을 열었다. 국가차원에서 운영하다보니 공공성의 성격을 띠며 수익금은 전액 다시 제주도의 발전기금으로 재투자되어 사용되고 있다. 제주국제공항과 제주항에 면세점이 설치되어 운영을 하고 있다. 제주도에서 항공기나 선박을 통해 나가는 모든 연령층 내/외국인이 이용가능하다. 내국인 지정면세점으로는 JDC 면세점과 제주관광공사에서 운영하는 JTO 지정면세점이 제주 중문에서 운영 중이다. 지정면세점에서의 구매한도는 연간 1인 1회 미화 600달러(JDC와 JTO 구매금액 합산)로 한정되어 있고 6회까지 이용 가능하다. 주류, 담배,

화장품 등 15개 품목이 면세품으로 지정되어 있다. 이곳에서는 제주지역의 토산품 농산물 수산물은 면세점에서 취급하지 않는다.

한국의 지정면세점 제도를 따라서 중국도 하이난(海南)섬에 세계 최대의 규모의 중국 내국인 지정면세점을 열었다. 해외로 나가서 구매하는 소비를 자국으로 돌리고 또한 세계적인 1위 면세점을 만들기 위해 구매 면세한도를 늘려주는 등의 나름의 노력을 하고 있다. 코로나 시대에 해외이동이 줄어들어 면세점 산업이 주춤하는 동안 지정면세점이 많은 성장을 하게 되었다.

第7课

商品领取处
指南

인도장 이용 안내

단어 | 生词

☐ 取货   qǔhuò   (물품을) 넘겨받다

☐ 交换券   jiāohuànquàn   교환권

☐ 抽取   chōuqǔ   뽑아내다, 뽑아 가지다

☐ 相关   xiāngguān   상관되다, 관련되다

☐ 号码牌   hàomǎpái   번호표

☐ 等待   děngdài   기다리다

☐ 屏幕   píngmù   전광판, 스크린

☐ 顺序   shùnxù   순서

☐ 显示   xiǎnshì   드러나다, 나타나다

☐ 稍   shāo   약간, 조금, 잠시

☐ 片刻   piànkè   잠깐, 잠시

☐ 支   zhī   자루, 개피 [가늘고 긴 물건을 세는 단위]

☐ 口红   kǒuhóng   립스틱

☐ 块   kuài   덩어리, 조각 [덩어리 또는 조각 모양의 물건을 헤아리는 데 씀]

☐ 手表   shǒubiǎo   시계

☐ 一共   yígòng   모두, 전부, 합계

☐ 仔细   zǐxì   자세하다

☐ 数量   shùliàng   수량

☐	以上	yǐshàng	이상
	概	gài	일체(一切), 일률적으로, 모두
☐	负责	fùzé	책임을 지다
☐	订购	dìnggòu	주문하다
☐	已	yǐ	이미, 벌써
☐	收到	shōudào	받다, 수령하다
☐	祝	zhù	축원하다, 축하하다, 바라다
☐	旅途	lǚtú	여행, 여정
☐	愉快	yúkuài	기쁘다, 유쾌하다

💬 회화 | 会话

顾客：我来取货。
Wǒ lái qǔhuò.

工作人员：好的，可以给我看一下交换券吗？
Hǎo de, kěyǐ gěi wǒ kàn yíxià jiāohuànquàn ma?

顾客：在这儿!
Zài zhèr!

工作人员：首先，抽取相关免税店的号码牌等待，屏幕上会按顺序显示号码。顾客的号码显示后，去那里取货就可以了。
Shǒuxiān, chōuqǔ xiāngguān miǎnshuìdiàn de hàomǎpái děngdài, píngmù shàng huì àn shùnxù xiǎnshì hàomǎ. Gùkè de hàomǎ xiǎnshì hòu, qù nàlǐ qǔhuò jiù kěyǐ le.

顾客：谢谢。
Xièxiè.

(稍等片刻后)
(shāo děng piànkè hòu)

店员：请给我看一下您的护照和交换券。
Qǐng gěi wǒ kàn yíxià nín de hùzhào hé jiāohuànquàn.

顾客：在这儿。
Zài zhèr!

店员：您购买了一个包，三支口红，一块手表，一共五个商品，给您。
Nín gòumǎi le yíge bāo, sānzhī kǒuhóng, yíkuài shǒubiǎo, yígòng wǔge shāngpǐn, gěi nín.

顾客：对。
Duì.

店员：请您仔细确认商品的数量和商品是否正确，出境后我们对以上商品概不负责。
Qǐng nín zǐxì quèrèn shāngpǐn de shùliàng hé shāngpǐn shìfǒu zhèngquè, chūjìng hòu wǒmen wúfǎ duì yǐshàng shāngpǐn gài bú fùzé.

顾客：我订购的货都对。
Wǒ dìnggòu de huò dōu duì.

店员：请在这里签名确认已收到了交换券上的物品。
Qǐng zài zhèlǐ qiānmíng quèrèn yǐ shōudào le jiāohuànquàn shàng de wùpǐn.

顾客：签完了。
Qiān wán le.

店员：祝您旅途愉快，谢谢。
Zhù nín lǚtú yúkuài, xièxiè.

본문해석 | 课文翻译

고객 : 상품을 찾으려고 합니다.

안내원 : 네, 교환권을 보여 주시겠어요?

고객 : 여기 있습니다.

안내원 : 우선 해당 면세점의 번호표를 뽑고 기다리시면 전광판에 순서대로 번호가 뜹니다. 손님 번호가 뜨면 그곳으로 가셔서 상품을 찾으시면 됩니다.

고객 : 감사합니다.

(잠시 대기 후)

직원 : 여권과 교환권을 보여주세요.

고객 : 여기 있습니다.

직원 : 가방 1개, 립스틱 3개, 시계 1개, 모두 5개의 상품을 구매하셨네요. 여기 상품이 있습니다.

고객 : 네, 맞습니다.

직원 : 수량과 상품이 맞는지 꼼꼼히 확인해주세요. 출국하신 후에는 이상 물품에 대해 책임을 질 수 없습니다.

고객 : 주문한 물건이 모두 맞습니다.

직원 : 여기에 교환권에 물건 받았다는 확인 서명 부탁드립니다.

고객 : 서명했습니다.

직원 : 즐거운 여행 되세요, 감사합니다.

플러스 문장 | 补充文章

여기는 24번 게이트 앞에 인도장입니다.

这里是24号登机口前的提货处。

Zhèlǐ shì èrshísì hào dēngjīkǒu qián de tíhuòchù.

고객님, 출국 시간이 다 되셨는데 아직 상품을 인도하지 않으셔서 확인차 전화 드렸습니다.

顾客，您出国的时间到了，还没有取货，所以给您打电话确认一下。

Gùkè, nín chūguó de shíjiān dào le, hái méiyǒu qǔhuò, suǒyǐ gěi nín dǎ diànhuà quèrèn yíxià.

상품은 고객님의 주소지로 배송되지는 않습니다.

商品无法配送到顾客的地址。

Shāngpǐn wúfǎ pèisòng dào gùkè de dìzhǐ.

면세품은 비행기 탑승 전에 인도장에서 받으셔야 합니다.

免税品在登机前要商品领取处领取。

Miǎnshuìpǐn zài dēngjī qián yào shāngpǐn lǐngqǔchù lǐngqǔ.

인도장이 어디 있는지 못 찾고 있습니다.

我没有找到商品领取处。

Wǒ méiyǒu zhǎodào shāngpǐn lǐngqǔchù.

인도장에서 상품을 수령하지 않으시면 자동으로 취소됩니다.

如果未从提货处领取到商品，则自动取消。

Rúguǒ wèi cóng tíhuòchù lǐngqǔ dào shāngpǐn, zé zìdòng qǔxiāo.

구매하신 상품에 대한 교환권을 인도장 직원에게 주시면 취소해 드리겠습니다.

您把购买的商品交换券给提货处的工作人员，我们就会给您取消的。

Nín bǎ gòumǎi de shāngpǐn jiāohuànquàn gěi tíhuòchù de gōngzuò rényuán, wǒmen jiù huì gěi nín qǔxiāo de.

인도장 위치를 안내해 드리겠습니다.

带您去提货处。

Dài nín qù tíhuò chù.

인도장은 출국 심사 후에 게이트 42번 옆에 있습니다.

提货处在出境审查后42号登机口旁边。

Tíhuòchù zài chūjìng shěncháhòu sìshí'èr hào dēngjīkǒu pángbiān.

탑승동 인도장은 셔틀 트레인을 타고 내리시면 119번 게이트 앞 4층에 있습니다.

登机楼提货处位于119号登机口前的4楼，乘坐免费摆渡车便可到达。

Dēngjīlóu tíhuòchù wèiyú yāoyāojiǔ hào dēngjīkǒu qián de sì lóu, chéngzuò miǎnfèi bǎidùchē biàn kě dàodá.

인천국제공항 제2터미널 인도장은 252번 게이트 맞은편 4층에 있습니다.

仁川国际机场第二航站楼提货处位于252号登机口对面的4楼。

Rénchuān guójì jīchǎng dì'èr hángzhànlóu tíhuòchù wèiyú èrbǎiwǔshí'èr hào dēngjīkǒu duìmiàn de sì lóu.

출국 당일에는 인도장이 혼잡할 수 있으니 인도장에 미리 방문해서 상품을 받아 가시는 게 좋습니다.

出国当天可能会导致提货处混乱，最好提前到提货处领取商品。

Chūguó dàngtiān kěnéng huì dǎozhì tíhuòchù hùnluàn, zuì hǎo tíqián dào tíhuòchù lǐngqǔ shāngpǐn.

플러스 어휘 | 补充单词

☐ 탑승구, 게이트	登机口	dēngjīkǒu
☐ 탑승동	登机楼	dēngjīlóu
☐ 셔틀트레인	免费摆渡车	miǎnfèi bǎidùchē
☐ 출국 시간	出国时间	chūguó shíjiān
☐ 주소지	地址	dìzhǐ
☐ 배송하다	配送	pèisòng
☐ 수령하다	领取	lǐngqǔ
☐ 지인	熟人	shúrén

연습문제 | 练习题

1. 괄호 안에 들어갈 단어를 보기에서 고르세요.

> [보기]　配送　　订购　　完　　楼　　取

1) 我来(　　　　)货。

2) 我(　　　　)的货都对。

3) 签(　　　　)了。

4) 商品无法(　　　　)到顾客的地址。

5) 登机楼提货处位于119号出口前的4(　　　　)。

2. 아래 한국어 문장을 중국어로 번역하세요.

1) 교환권을 보여 주시겠어요?

_____

2) 우선 해당 면세점의 번호표를 뽑고 기다리시면 전광판에 순서대로 번호가 뜹니다.

_____

_____

3) 손님 번호가 뜨면 그곳으로 가셔서 상품을 찾으시면 됩니다.

_____

4) 여권과 교환권을 보여주세요.

_____

5) 가방 1개, 립스틱 3개, 시계 1개, 총 5개의 상품을 구매하셨네요.

_____

6) 수량과 상품이 맞는지 꼼꼼히 확인해 주세요.

_____

7) 출국하신 후에는 이상 물품에 대해 책임을 질 수 없습니다.

_____

8) 여기에 교환권에 물건 받았다는 확인 서명 부탁드립니다.

_____

9) 즐거운 여행되시기 바랍니다.

_____

10) 인도장 위치를 안내해 드리겠습니다.

_____

정답 | 正确答案

1. 1) 取
   2) 订购
   3) 完
   4) 配送
   5) 楼

2. 1) 可以给我看一下交换券吗?
   2) 首先, 抽取相关免税店的号码牌等待, 屏幕上会按顺序显示号码。
   3) 顾客的号码显示后, 去那里取货就可以了。
   4) 请给我看一下您的护照和交换券。
   5) 您购买了一个包、三支口红、一块手表, 一共五个商品。
   6) 请您仔细确认商品的数量和商品是否正确。
   7) 出境后我们对以上商品概不负责。
   8) 请在这里签名确认已收到了交换券上的物品。
   9) 祝您旅途愉快。
   10) 带您去提货处。

면세점 이야기

■ 통합물류센터

 2007년 면세점 통합물류센터가 설립되면서 면세점 물류의 혁신이 이루어져 면세산업이 세계 1위로 성장하는 계기가 마련되었다. 통합물류센터는 인천 자유무역지구 내에 위치해 있다. 여행객의 출국 시간에 맞춰 상품이 정확하게 인도장에 보내져야 하는 타이밍이 중요한 면세점 상품의 특성에 맞춰 통합물류센터가 그 기능을 하고 있다. 상품이 입고되면 통관을 거치고 상품화 작업, 매장출고까지 그리고 고객의 출국예정에 맞춰 구매된 상품은 피킹 작업 후 포장되어 인도장으로 보세운송 되기까지 모든 타이밍에 맞춰서 이곳에서 작업이 이루어진다. 또한 모든 상품은 세관에 등록되어 상세 이동과정이 세관에 신고되도록 함으로써 엄격한 관리가 이루어질 수 있도록 하고 있다.

 수입품이나 국산품(토산품)이 통합물류센터에 입고되면 반입장에서 세관에 상품을 등록하고 신고, 검수하는 작업을 거치고 이 상품을 통합물류센터에 보관한다. 면세점에서 상품이 판매되면 전산시스템을 통해 물류센터에 전달된다. 물류센터에서는 여행객의 출국일정에 맞춰 상품을 포장하고 출국일에 맞춰 인도장으로 상품을 보낸다. 또한 고객이 여러 면세점에서 물건을 구매했다면 이를 하나의 원패킹(one-packing)으로 포장을 해서 인도장으로 보내주기도 한다. 출국 3시간 전에 인터넷으로 상품을 구매해도 출국장에서 상품을 수령할 수 있다. 이러한 원패킹 시스템(one-packing system)은 시간과 물류비를 단축해 주어 물류의 혁신을 이루었다.

第二单元

不同类别的
免税店商品指南

면세점 상품 안내

免税店销售
实务中文

第8课

化妆品 I
(基础产品)

화장품 I(기초 제품)

단어 | 生词

☐	眼霜	yǎnshuāng	아이크림
☐	自己	zìjǐ	자기, 자신, 본인
☐	用	yòng	사용하다
☐	送	sòng	선물하다, 주다
☐	母亲	mǔqīn	어머니, 모친
☐	皮肤	pífū	피부
☐	类型	lèixíng	타입(type), 유형
☐	干性	gānxìng	건성
☐	油性	yóuxìng	지성
☐	干燥	gānzào	건조하다
☐	年龄	niánlíng	연령, 나이, 연세
☐	缓解	huǎnjiě	완화되다, 완화시키다
☐	皱纹	zhòuwén	주름
☐	保湿	bǎoshī	보습하다
☐	效果	xiàoguǒ	효과
☐	年龄段	niánlíngduàn	연령대
☐	精华液	jīnghuáyè	세럼, 에센스
☐	乳液	rǔyè	로션
☐	佳	jiā	좋다, 훌륭하다

☐	粘	nián	끈적끈적하다, 점성이 있다
☐	涂抹	túmǒ	칠하다, 바르다
☐	质感	zhìgǎn	질감, 느낌
☐	油腻	yóunì	기름지다, 번들거리다
☐	防晒霜	fángshàishuāng	선크림
☐	水分	shuǐfèn	수분
☐	水润	shuǐrùn	촉촉하다
☐	专	zhuān	전문적으로, 오로지
☐	肌肤	jīfū	근육과 피부
☐	准备	zhǔnbèi	준비하다
☐	油分	yóufēn	유분
☐	紫外线	zǐwàixiàn	자외선
☐	隔离指数	gélízhǐshù	차단 지수
☐	长时间	chángshíjiān	장시간
☐	户外活动	hùwài huódòng	야외활동

회화 | 会话

顾客: 我想买眼霜。
Wǒ xiǎng mǎi yǎnshuāng.

店员: 您是自己用还是送人？
Nín shì zìjǐ yòng háishì sòng rén?

顾客: 是要给我妈妈的礼物。
Shì yào gěi wǒ māma de lǐwù.

店员: 您母亲平时喜欢用什么化妆品？她是什么类型皮肤？干性还是油性？
Nín mǔqīn píngshí xǐhuān yòng shénme huàzhuāngpǐn? Tā shì shénme lèixíng pífū? Gànxìng háishì yóuxìng?

顾客: 有些干燥。年龄是50多岁。
Yǒu xiē gānzào. Niánlíng shì wǔshí duō suì.

店员: 好。我们这款产品有助于缓解皱纹，保湿效果也很好，而且是您母亲年龄段的人非常喜欢的产品。
Hǎo. Wǒmen zhè kuǎn chǎnpǐn yǒuzhùyú huǎnjiě zhòuwén, bǎoshī xiàoguǒ yě hěn hǎo, érqiě shì nín mǔqīn niánlíngduàn de rén fēicháng xǐhuān de chǎnpǐn.

顾客: 是吗？
Shì ma?

店员：要看这个精华液吗？与推荐的乳液一起使用，效果更佳。
Yào kàn zhège jīnghuáyè ma? Yǔ tuījiàn de rǔyè yìqǐ shǐyòng, xiàoguǒ gèng jiā.

顾客：不粘吗？
Bù nián ma?

店员：涂抹起来质感很好，一点也不油腻。
Túmǒ qǐlái zhìgǎn hěn hǎo, yìdiǎn yě bù yóunì.

顾客：好的，就拿这个吧。再给我推荐一下送朋友的防晒霜。
Hǎo de, jiù ná zhège ba. Zài gěi wǒ tuījiàn yíxià sòng péngyǒu de fángshàishuāng.

店员：有两种类型的防晒霜。一种是水分多的水润型，另一种是专为干燥肌肤准备的有油分型，您想要哪种呢？
Yǒu liǎngzhǒng lèixíng de fángshàishuāng. Yìzhǒng shì shuǐfèn duō de shuǐrùnxíng, lìng yìzhǒng shì zhuān wèi gānzào jīfū zhǔnbèi de yǒu yóufēnxíng, nín xiǎng yào nǎzhǒng ne?

顾客：请给我水润型的防晒霜。
Qǐng gěi wǒ shuǐrùnxíng de fángshàishuāng.

店员：这款防晒霜的紫外线隔离指数高，可以长时间隔离紫外线，适合户外活动的时候用。
Zhè kuǎn fángshàishuāng de zǐwàixiàn gélí zhǐshù gāo, kěyǐ cháng shíjiān gélí zǐwàixiàn, shìhé hùwài huódòng de shíhòu yòng.

顾客：这个产品一样给我拿3个。
Zhège chǎnpǐn yíyàng gěi wǒ ná sān ge.

본문해석 | 课文翻译

고객 : 저는 아이크림을 좀 사고 싶은데요.

직원 : 본인이 쓰실 겁니까, 아니면 선물하실 겁니까?

고객 : 저희 어머니께 선물하려고 합니다.

직원 : 고객님의 어머니께선 평소 어떤 종류의 화장품을 사용하십니까? 어떤 피부 타입이세요? 건성이신가요, 지성이신가요?

고객 : 피부가 좀 건조하십니다. 연세는 50대이시고요.

직원 : 네, 저희 이 제품은 주름 완화에도 도움이 되고 보습 효과도 좋습니다. 그리고 손님의 어머님 연령대 분들이 많이 선호하시는 제품입니다.

고객 : 그래요?

직원 : 이 세럼도 한번 보시겠어요? 추천해 드린 로션과 함께 사용하시면 효과가 더욱 좋습니다.

고객 : 끈적거리지는 않나요?

직원 : 발림성이 좋고 끈적이거나 번들거리지 않습니다.

고객 : 좋아요, 이걸로 주세요. 그리고 친구에게도 선물할 선크림도 좀 추천해주세요.

직원 : 두 가지 타입의 선크림이 있습니다. 하나는 수분이 많은 촉촉한 타입이고, 다른 하나는 건조한 피부를 위한 유분기 있는 타입인데요, 어떤 걸로 드릴까요?

고객 : 촉촉한 타입의 선크림으로 주세요.

직원 : 이 선크림은 자외선 차단 지수가 높아서 장시간 자외선을 차단해 주기 때문에 야외 활동에 적합합니다.

고객 : 제품별로 3개씩 주세요.

플러스 문장 | 补充文章

고객님의 피부 타입이 어떤지 테스트해 드릴까요?

为您测试一下皮肤是什么类型的吗？

Wèi nín cèshì yíxià pífū shì shénme lèixíng de ma?

고객님은 T존 부분은 지성이고, U존 부분은 건성이시네요. 복합성 피부입니다.

您的T字区部分是油性，U字区部分是干性。是混合型皮肤。

Nín de T zìqū bùfèn shì yóuxìng, U zìqū bùfèn shì gànxìng. Shì hùnhéxíng pífū.

이건 발림성이 좋고, 끈적이거나 번들거리지 않습니다.

这个涂抹起来质感很好，一点儿也不油腻。

Zhège túmǒ qǐlái zhìgǎn hěn hǎo, yìdiǎnr yě bù yóunì.

이 수분크림은 24시간 촉촉하게 지속되며 대용량으로 한정 출시된 제품입니다.

这款保湿霜是大容量限量上市的产品，可以24小时保持水润。

Zhè kuǎn bǎoshīshuāng shì dàróngliàng xiànliàng shàngshì de chǎnpǐn, kěyǐ èrshísì xiǎoshí bǎochí shuǐrùn.

이 제품은 남녀 공용으로 사용하셔도 됩니다.

该产品可以男女通用。

Gāi chǎnpǐn kěyǐ nánnǚ tōngyòng.

모든 피부 타입에 다 사용해도 됩니다.

适用于所有皮肤类型。

Shìyòng yú suǒyǒu pífū lèixíng.

아침저녁으로 깨끗하게 세안한 얼굴과 목에 직접 바르거나 크림을 사용하기 전에 발라주세요.

早晚洁面后直接涂抹于脸部和颈部，在使用面霜前涂抹。

Zǎowǎn jiémiàn hòu zhíjiē túmǒ yú liǎnbù hé jǐngbù, zài shǐyòng miànshuāng qián túmǒ.

이 로션과 크림은 여행전용 세트로 구성되어서 휴대하기 편리하고 가격도 저렴합니다.

旅行专用套装由这款乳液和面霜组成，携带方便，价格也低廉。

Lǔxíng zhuānyòng tàozhuāng yóu zhè kuǎn rǔyè hé miànshuāng zǔchéng, xiédài fāngbiàn, jiàgé yě dīlián.

이 제품은 과도한 피지 분비를 조절해 산뜻한 피부로 정돈해 줍니다.

这个产品可调节过度的皮脂分泌，打造清爽肌肤。

Zhège chǎnpǐn kě tiáojié guòdù de pízhī fēnmì, dǎzào qīngshuǎng jīfū.

이 제품은 매끄럽고 탄탄한 피부로 가꿔 줍니다.

打造细滑、紧致的肌肤。

Dǎzào xìhuá, jǐnzhì de jīfū.

이 제품은 피부 톤과 피부 결을 개선시켜줍니다.

改善肤色和肌肤纹理。

Gǎishàn fūsè hé jīfū wénlǐ.

이 마스크 팩은 사용 후 끈적이지 않고 피부 자극이 없습니다.

这款面膜使用后不黏腻，对肌肤没有刺激。

Zhè kuǎn miànmó shǐyòng hòu bù niánnì, duì jīfū méiyǒu cìjī.

손바닥에 클렌징 오일을 3~4회 펌프해서 얼굴에 부드럽게 꼼꼼히 펴 발라 주세요.

在手掌上按压3~4次卸妆油，轻柔均匀地涂抹在脸上。

Zài shǒuzhǎng shàng ànyā sān, sì cì xièzhuāngyóu, qīngróu jūnyún de túmǒ zài liǎn shang.

이 클렌징 오일은 워시오프(wash-off) 타입입니다.

这款卸妆油是水洗型。

Zhè kuǎn xièzhuāngyóu shì shuǐxǐxíng.

클렌징 오일은 워터프루프(Water Proof) 메이크업도 부드럽게 지워주며 피부 불순물도 제거해줍니다.

卸妆油可温和卸去防水彩妆，皮肤杂质也可去除。

Xièzhuāngyóu kě wēnhé xièqù fángshuǐ cǎizhuāng, pífū zázhì yě kě qùchú.

물로 얼굴을 적셔서 클렌징 오일을 유화시키고 물로 깨끗이 헹구어 냅니다.

用水浸湿面部，乳化卸妆油后用水冲净即可。

Yòngshuǐ jìnshī miànbù, rǔhuà xièzhuāngyóu hòu yòng shuǐ chōngjìng jíkě.

물에 닿으면 미끌거리는 느낌 없이 쉽게 헹궈줍니다.

沾水后无滑腻感，可轻松冲洗。

Zhān shuǐ hòu wú huánìgǎn, kě qīngsōng chōngxǐ.

아침과 저녁 세안 후 손바닥에 2~3방울을 덜어서 피부결에 따라 발라줍니다.

早晨和晚上洗脸后，在手掌上滴2~3滴，沿着皮肤纹理涂抹。

Zǎochén hé wǎnshàng xǐliǎn hòu, zài shǒuzhǎng shàng dī liǎng, sān dī, yánzhe pífū wénlǐ túmǒ.

볼, 이마, 코, 턱 순으로 부드럽게 펴발라 주세요.

以脸颊，额头，鼻子，下巴为顺序轻柔均匀涂抹。

Yǐ liǎnjiá, étóu, bízi, xiàbā wéi shùnxù qīngróu jūnyún túmǒ.

남성용 애프터 셰이브 로션입니다.

是男士须后乳液。

Shì nánshì xūhòu rǔyè.

사용하기 전에 여러 번 흔들어서 사용해 주세요.

使用前请摇晃几次再使用。

Shǐyòng qián qǐng yáohuàng jǐcì zài shǐyòng.

개봉 후 6개월 이내에 사용해 주세요.

请在开封后6个月内使用。

Qǐng zài kāifēng hòu liù ge yuè nèi shǐyòng.

화장품 사용기간은 2년입니다.

化妆品使用期限为2年。

Huàzhuāngpǐn shǐyòng qīxiàn wéi liǎng nián.

아침저녁으로 세안 후 가볍게 사용하시면 됩니다.

早晚洗脸后轻轻使用即可。

Zǎowǎn xǐliǎn hòu qīngqīng shǐyòng jíkě.

플러스 어휘 | 补充单词

☐ 마스크 팩	面膜	miànmó
☐ 스킨케어 세트	护肤品套装	hùfūpǐn tàozhuāng
☐ 페이스 오일	面部精华油	miànbù jīnghuáyóu
☐ 로션	乳液	rǔyè
☐ 수분크림	补水霜/保湿面霜	bǔshuǐshuāng/ bǎoshī miànshuāng
☐ 스킨, 토너	化妆水	huàzhuāngshuǐ
☐ 클렌징크림	洗面奶	xǐmiànnǎi
☐ 클렌징오일	卸妆油	xièzhuāng yóu
☐ 클렌징워터	卸妆水	xièzhuāng shuǐ
☐ 아이크림	眼霜	yǎnshuāng
☐ 선크림	防晒霜	fángshàishuāng
☐ 에센스, 세럼/앰플	精华液/精华素	jīnghuáyè/jīnghuásù
☐ 영양크림	营养霜	yíngyǎngshuāng
☐ 데이크림	日霜	rìshuāng
☐ 나이트크림	晚霜	wǎnshuāng
☐ 미스트	喷雾	pēnwù
☐ 마사지기	按摩器	ànmóqì

□ 애프터 셰이브   须后水   xū hòu shuǐ
□ 애프터 셰이브 로션   须后乳液   xū hòu rǔyè
□ 메이크업 베이스   隔离霜   gélíshuāng

연습문제 | 练习题

1. 괄호 안에 들어갈 단어를 보기에서 고르세요.

[보기] 另　　给　　一点儿　　推荐　　拿

1) 是要(　　　　)我妈妈的礼物。

2) 再给我(　　　　)一下送朋友的防晒霜。

3) 一种是水分多的水润型, (　　　　)一种是专为干燥肌肤准备的有油分型。

4) 这个涂抹起来质感很好, (　　　　)也不油腻。

5) 这个产品一样给我(　　　　)3个。

2. 아래 한국어 문장을 중국어로 번역하세요.

  1) 본인이 쓰실 겁니까, 아니면 선물하실 겁니까?

  _____

  2) 어머님의 피부는 건성이십니까, 아니면 지성이십니까?

  _____

  3) 저희 이 제품은 주름 완화에도 도움이 되고 보습 효과도 좋습니다.

  _____

  4) 이 세럼도 한번 보시겠어요?

  _____

  5) 추천해 드린 로션과 함께 사용하시면 효과가 더욱 좋습니다.

  _____

  6) 끈적거리지는 않나요?

  _____

  7) 발림성이 좋고 끈적이거나 번들거리지 않습니다.

  _____

  8) 하나는 수분이 많은 촉촉한 타입이고, 다른 하나는 건조한 피부를 위한 유분기 있는 타입입니다.

  _____

  _____

  9) 이 선크림은 자외선 차단 지수가 높습니다.

  _____

  10) 화장품 사용기간은 2년입니다.

  _____

정답 | 正确答案

1. 1) 给
   2) 推荐
   3) 另
   4) 一点儿
   5) 拿

2. 1) 您是自己用还是送人?
   2) 您母亲的皮肤是干性还是油性?
   3) 我们这款产品有助于缓解皱纹, 保湿效果也很好。
   4) 要看这个精华液吗?
   5) 与推荐的乳液一起使用, 效果更佳。
   6) 不粘吗?
   7) 涂抹起来质感很好, 一点也不油腻。
   8) 一种是水分多的水润型, 另一种是专为干燥肌肤准备的有油分型。
   9) 这款防晒霜的紫外线隔离指数高。
   10) 化妆品使用期限为2年。

면세점 이야기

■ 에어쿠션

　면세점에서 가장 많이 팔리는 아이템은 화장품이다. 국내 면세점뿐만 아니라 전 세계 면세점에서도 화장품 매출이 단연 1등이다. 예전에는 프랑스와 미국계 화장품이 강세였으나 최근에는 한국 제품이 유명해지고 퀄리티(quality)가 높다는 평가를 받고 있다. 아모레퍼시픽의 '설화수', LG 생활건강의 '후' 제품이 면세점에서 상위권을 차지할 정도로 한국 화장품이 위상이 높아지고 있다. 한국의 화장품이 인기가 많아지자 '닥터자르트(Dr.Jart+)'는 세계적인 화장품 회사인 에스티 로더(Estee Lauder) 그룹에서 그 가치를 인정받아 높은 가격으로 인수 합병되었다. 한국의 화장품이 해외에서 인기를 끌기 시작한 것은 화장을 한 듯 안 한 듯한 일명 '쌩얼'에 자신감을 주었던 한국의 BB크림이 인기를 끌었던 2000년대 초반이다. BB크림 제품이 일본에서 선풍적인 인기를 얻으면서 면세점에서는 BB크림의 매출과 인기가 높았다.

한국 화장품 중에서 센세이션을 일으킨 상품 중 하나는 아모레퍼시픽의 에어쿠션이다. 주차할 때 찍어주는 주차도장에서 아이디어를 얻어 손에 파운데이션을 묻히지 않고 스펀지로 파운데이션을 찍어 피부에 얇게 바르도록 고안된 상품이다. 이 에어쿠션이 인기를 얻게 되어 세계적인 화장품 브랜드인 '크리스찬 디올(Chrsitain Dior)'에서도 이 기술의 노하우를 도입하게 되었고, 지금은 거의 모든 유명 브랜드에서 에어쿠션 제품을 출시하고 있다.

第9课

化妆品 II
(功能性产品)

화장품 II(기능성 제품)

단어 | 生词

☐ 肤质	fūzhì	피부, 피부 타입, skin type
☐ 营养霜	yíngyǎngshuāng	영양크림
☐ 换季	huànjì	계절이 바뀌다, 환절기, 간절기
☐ 面霜	miànshuāng	크림
☐ 发红	fā hóng	붉어지다, 빨갛게 되다
☐ 保湿霜	bǎoshīshuāng	보습 크림, 수분 크림
☐ 镇定	zhèndìng	진정시키다
☐ 敏感	mǐngǎn	민감하다, 예민하다
☐ 改善	gǎishàn	개선(하다)
☐ 弹性	tánxìng	탄력, 탄력성
☐ 管理	guǎnlǐ	관리(하다), 관할(하다)
☐ 细纹	xìwén	잔주름
☐ 手背	shǒubèi	손등
☐ 试用	shìyòng	시용하다, 시험 삼아 쓰다
☐ 附赠	fùzèng	서비스로 증정하다
☐ 刮刀	guādāo	스패출러(spatula, 주걱 모양의 기구)
☐ 舀出	yǎochū	푸다, 떠내다, 건져 내다
☐ 按摩式	ànmóshì	안마식
☐ 抗衰老	kàngshuāilǎo	안티에이징(anti-aging), 노화방지, 항노화

☐	高性能	gāoxìngnéng	고성능
☐	满意度	mǎnyìdù	만족도
☐	回购率	huígòulǜ	재구매율
☐	成分	chéngfèn	성분, 요소
☐	酒精	jiǔjīng	알코올
☐	低	dī	낮다
☐	刺激性	cìjīxìng	자극성
☐	专卖	zhuān mài	전매하다, 독점 판매하다
☐	推出	tuīchū	(시장에 신상품이나 새로운 아이디어를) 내놓다

💬 회화 | 会话

顾客 : 我的皮肤紧绷干燥，请推荐一款适合我肤质的营养霜。
　　　Wǒ de pífū jǐnbēng gānzào, qǐng tuījiàn yì kuǎn shìhé wǒ fūzhì de
　　　yíngyǎngshuāng.

店员 : 换季时，皮肤变得敏感，容易干燥。给您推荐这款面霜。
　　　Huànjì shí, pífū biànde mǐngǎn, róngyì gānzào. Gěi nín tuījiàn zhè
　　　kuǎn miànshuāng.

顾客 : 天气变冷的话，皮肤发红。
　　　Tiānqì biàn lěng dehuà, pífū fā hóng.

店员 : 这款保湿霜可缓解干燥，镇定敏感肌肤。
　　　Zhè kuǎn bǎoshīshuāng kě huǎnjiě gānzào, zhèndìng mǐngǎn jīfū.

顾客 : 没有其他营养霜吗？
　　　Méiyǒu qítā yíngyǎngshuāng ma?

店员 : 这款面霜怎么样？营养霜可以为松弛的皮肤提供营养，改善皮
　　　肤弹性。有助于管理细纹。我给您在手背上试用一下，怎么样？
　　　Zhè kuǎn miànshuāng zěnmeyàng? Yíngyǎngshuāng kěyǐ wèi sōngchí
　　　de pífū tígōng yíngyǎng, gǎishàn pífū tánxìng. Yǒuzhùyú guǎnlǐ xìwén.
　　　Wǒ gěi nín zài shǒubèi shàng shìyòng yíxià, zěnmeyàng?

顾客 : 感觉非常不错。
　　　Gǎnjué fēicháng búcuò.

店员：将这个面霜用附赠的刮刀舀出一点在手上，按摩式涂抹在脸上。这是有助于抗衰老的高性能化妆品。

Jiāng zhège miànshuāng yòng fùzèng de guādāo yǎochū yìdiǎn zài shǒu shàng, ànmó shì túmǒ zài liǎnshàng. Zhè shì yǒuzhùyú kàngshuāilǎo de gāoxìngnéng huàzhuāngpǐn.

顾客：我试试这个。

Wǒ shìshi zhège.

店员：这款使用过的顾客满意度好，并且是回购率很高的产品。

Zhè kuǎn shǐyòng guò de gùkè mǎnyìdù hǎo, bìngqiě shì huígòu lǜ hěn gāo de chǎnpǐn.

顾客：主要成分是什么？

Zhǔyào chéngfèn shì shénme?

店员：所有成分均来自天然，是不含酒精的低过敏性产品。

Suǒyǒu chéngfèn jūn láizì tiānrán, shì bù hán jiǔjīng de dī guòmǐn xìng chǎnpǐn.

顾客：多少钱？打折吗？

Duōshǎo qián? Dǎzhé ma?

店员：是免税店专卖产品，与乳液一套推出，价格低廉。正在打8.5折。

Shì miǎnshuìdiàn zhuānmài chǎnpǐn, yǔ rǔyè yítào tuīchū, jiàgé dīlián. Zhèngzài dǎ bāwǔ zhé.

본문해석 | 课文翻译

고객 : 피부가 당기고 건조한데 제 피부에 적합한 영양크림 하나 추천해주세요.

직원 : 환절기라 피부가 민감해지고 건조하기가 쉽습니다. 고객님께 이 크림을 추천해 드립니다.

고객 : 날씨가 추워지면 피부가 빨갛게 변해요.

직원 : 이 수분크림은 건조함을 완화시켜 주고 민감해진 피부를 진정시켜 드립니다.

고객 : 다른 영양 크림은 없나요?

직원 : 이 크림은 어떠세요? 이 영양크림은 늘어지는 피부에 영양을 공급해서 피부 탄력을 개선시켜 드립니다. 잔주름 관리에 도움이 됩니다. 손등에 한번 발라 드릴게요, 어떠세요?

고객 : 좋네요.

직원 : 이 크림을 동봉된 스패츌러(spatula)로 떠서 살짝 손에 덜어내 얼굴에 마사지하듯 펴 발라주세요. 노화방지에 도움이 되는 고기능성 화장품입니다.

고객 : 이걸로 한번 써보겠습니다.

직원 : 이 제품은 사용해 보신 고객들의 만족도가 좋아서 재구매율이 높은 상품입니다.

고객 : 주요 성분은 무엇입니까?

직원 : 전부 자연 유래 성분이고, 알코올 성분이 없는 저자극 제품입니다.

고객 : 얼마예요? 할인되나요?

직원 : 면세점 전용제품으로 로션과 한 세트로 나와서 가격도 저렴하게 구입하실 수 있습니다. 15% 할인 행사 중입니다.

플러스 문장 | 补充文章

이 제품은 자연 유래 성분이 들어있어서 임산부가 사용하셔도 안전합니다.

该产品含有天然成分，孕妇使用也很安全。

Gāi chǎnpǐn hányǒu tiānrán chéngfèn, yùnfù shǐyòng yě hěn ānquán.

이 제품은 아기들도 사용 가능한 민감성 피부 전용 제품입니다.

这个产品是婴儿也可以使用的敏感型专用产品。

Zhège chǎnpǐn shì yīng'ér yě kěyǐ shǐyòng de mǐngǎnxíng zhuānyòng chǎnpǐn.

이건 알코올 성분이 없어서 민감성 피부에 적합하고 보습효과도 뛰어납니다.

这个产品没有酒精成份，适合敏感性皮肤，而且保湿效果特别好。

Zhège chǎnpǐn méiyǒu jiǔjīng chéngfèn, shìhé mǐngǎnxìng pífū, érqiě bǎoshī xiàoguǒ tèbié hǎo.

이 제품은 고기능성 제품으로 안티에이징 효과가 있습니다.

该产品作为高功能性产品，具有抗衰老效果。

Gāi chǎnpǐn zuòwéi gāo gōngnéngxìng chǎnpǐn, jùyǒu kàngshuāilǎo xiàoguǒ.

이 크림은 비타민, 미네랄, 아미노산 등의 영양소가 함유되어 가볍게 바를 수 있습니다.

这个面霜含有维生素、矿物质、氨基酸等营养成分，可轻薄涂抹。

Zhège miànshuāng hányǒu wéishēngsù, kuàngwùzhì, ānjīsuān děng yíngyǎng chéngfèn, kě qīngbó túmǒ.

이 제품은 피부개선효과에 탁월한 성분을 가지고 있습니다.

该产品具有卓越的改善皮肤效果。

Gāi chǎnpǐn jùyǒu zhuóyuè de gǎishàn pífū xiàoguǒ.

사계절 내내 사용 가능하고 항산화 성분이 함유되어 보습 케어와 클렌징을 동시에 할 수 있습니다.

四季均可使用，含有抗氧化成分，可同时实现保湿护理和清洁。

Sìjì jūn kě shǐyòng, hányǒu kàngyǎnghuà chéngfèn, kě tóngshí shíxiàn bǎoshī hùlǐ hé qīngjié.

이 제품은 올리브와 아보카도에서 추출한 식물성 오일이 함유되어 있고, 가벼운 질감으로 남녀노소 및 모든 피부 타입에 사용 가능합니다.

产品中含有从橄榄和牛油果中提取的植物油配方，质地轻盈，男女老少及所有肤质均可使用。

Chǎnpǐn zhōng hányǒu cóng gǎnlǎn hé niúyóuguǒ zhōng tíqǔ de zhíwùyóu pèifāng, zhìdì qīngyíng, nánnǚlǎoshào jí suǒyǒu fūzhì jūn kě shǐyòng.

스킨, 에센스, 크림, 아이크림 순으로 사용하시면 효과가 좋습니다.

按照爽肤水、精华、面霜、眼霜的顺序使用效果更佳。

Ànzhào shuǎngfūshuǐ, jīnghuá, miànshuāng, yǎnshuāng de shùnxù shǐyòng xiàoguǒ gèng jiā.

이 제품은 미백 기능성을 인정받았습니다.

这款产品的美白功能得到了认可。

Zhè kuǎn chǎnpǐn de měibái gōngnéng dédào le rènkě.

피부의 칙칙함과 잡티를 완화해 드립니다.

缓解肌肤暗沉与斑痕。

Huǎnjiě jīfū ànchén yǔ bānhén.

이 제품은 피지 조절이 가능한 제품입니다.

该产品是可以调节皮脂分泌的产品。

Gāi chǎnpǐn shì kěyǐ tiáojié pízhī fēnmì de chǎnpǐn.

피부가 매끄럽게 느껴지실 겁니다.

皮肤感觉光滑。

Pífū gǎnjué guānghuá.

눈가 피부에도 활력을 되찾을 수 있습니다.

眼角皮肤也能恢复活力。

Yǎnjiǎo pífū yě néng huīfù huólì.

피부에서 수분감을 느낄 수 있습니다.

可从肌肤中感受到水分感。

Kě cóng jīfū zhōng gǎnshòu dào shuǐfèn gǎn.

이 남성용 로션은 면도 후에 붉게 일어난 피부를 진정시켜주고 촉촉함을 유지시켜 줍니다.

这种男士用乳液能镇定因剃须后变红的皮肤，保持湿润感。

Zhèzhǒng nánshì yòng rǔyè néng zhèndìng yīn tìxū hòu biànhóng de pífū,
bǎochí shīrùn gǎn.

민감한 피부를 진정시켜줍니다.

镇定敏感肌肤。

Zhèndìng mǐngǎn jīfū.

무자극 성분으로 만들어져 수분과 영양을 동시에 채워 줍니다.

无刺激成分制成，可同时补充水分和营养。

Wú cìjī chéngfèn zhìchéng, kě tóngshí bǔchōng shuǐfèn hé yíngyǎng.

이 제품은 동물성 성분이 안 들어가고 동물실험도 하지 않은 비건(Vegan) 제품입니다.

本产品为纯素产品，不含动物成分，未做动物测试。

Běn chǎnpǐn wéi chún sù chǎnpǐn, bù hán dòngwù chéngfèn, wèi zuò dòngwù
cèshì.

이 제품은 프랑스에서 비건 인증을 받은 제품입니다.

该产品在法国获得纯素认证。

Gāi chǎnpǐn zài Fǎguó huòdé chún sù rènzhèng.

플러스 어휘 | 补充单词

☐ 아모레 퍼시픽(AMOREPACIFIC)	爱茉莉	Àimòlì
☐ 이솝(AESOP)	伊索	Yīsuǒ
☐ 안나수이(Anna Sui)	安娜苏	Ānnàsū
☐ 바비 브라운(BOBBY BROWN)	芭比波朗	Bābǐbōlǎng
☐ 비오템(BIOTHERM)	碧欧泉	Bì'ōuquán
☐ 디올(Dior)	迪奥	Dí'ào
☐ 샤넬(CHANEL)	香奈儿	Xiāngnàiér
☐ 크리니크(CLINIQUE)	倩碧	Qiànbì
☐ 닥터 자르트(Dr. Jart+)	蒂佳婷	Dìjiātíng
☐ 엘리자베스 아덴(Elizabeth Arden)	伊丽莎白·雅顿	Yīlìshābáiyǎdùn
☐ 에스티 로더(Este Lauder)	雅诗兰黛	Yǎshīlándài
☐ 지방시(Givenchy)	纪梵希	Jìfànxī
☐ 겔랑(GUERLAIN)	娇兰	Jiāolán
☐ 이니스프리(INNISFREE)	茵芙荔	Yīnfúlì
☐ 키엘(KIELS)	科颜氏	Kēyánshì
☐ 랑콤(LANCOME)	兰蔻	Lánkòu
☐ 라 메르(LA MER)	海蓝之谜	Hǎilánzhīmí
☐ 라네즈(Laneige)	兰芝	Lánzhī

☐ 라프레리(LA PRAIRE)	莱珀妮	Lái pò nī
☐ 록시땅(Loccitane)	欧舒丹	Ōushūdān
☐ 로레알(L'OREAL)	欧莱雅	Ōuláiyǎ
☐ 미샤(MISSHA)	谜尚	Mí shàng
☐ 네이처 리퍼블릭(Nature Republic)	自然乐园	Zìrán lèyuán
☐ 오휘(OHUI)	欧蕙	Ōuhuì
☐ 오리진스(Origins)	悦木之源	Yuèmù Zhī Yuán
☐ 시세이도(SHISEIDO)	资生堂	Zīshēngtáng
☐ 슈에무라(SHUEMURA)	植村秀	Zhícūnxiù
☐ 시슬리(SISLEY)	希思黎	Xīsīlí
☐ SK-II	SK-II	
☐ 설화수(Sulwhasoo)	雪花秀	Xuěhuāxiù
☐ 숨(SUM)	呼吸	Hūxī
☐ 입생로랑(YSL)	圣罗兰	Shèngluólán
☐ 더페이스샵(THE FACE SHOP)	菲诗小铺	Fēishīxiǎopū
☐ 토니모리(TONYMOLY)	魔法森林	Mófǎ sēnlín
☐ 후(WHOO)	后	Hòu

연습문제 | 练习题

1. 괄호 안에 들어갈 단어를 보기에서 고르세요.

> [보기]　试　　其他　　适合　　成分　　发红

1) 请推荐一款(　　　　)我肤质的营养霜。

2) 天气变冷的话, 皮肤(　　　　)。

3) 没有(　　　　)营养霜吗?

4) 我给您在手背上(　　　　)用一下, 怎么样?

5) 主要(　　　　)是什么?

2. 아래 한국어 문장을 중국어로 번역하세요.

　1) 환절기라 피부가 조이고 건조하기가 쉽습니다.

　　_____

　2) 이 수분크림은 건조함을 완화시켜 주고 민감해진 피부를 진정시켜 드립니다.

　　_____

　3) 이 영양크림은 늘어지는 피부에 영양을 공급해서 피부 탄력을 개선시켜 드립니다.

　　_____

　　_____

　4) 잔주름 관리에 도움이 됩니다.

　　_____

　5) 노화방지에 도움이 되는 고기능성 화장품입니다.

　　_____

　6) 이 제품은 사용해 보신 고객들의 만족도가 좋습니다.

　　_____

　7) 이 제품은 재구매율이 높은 상품입니다.

　　_____

　8) 알코올 성분이 없는 저자극 제품입니다.

　　_____

　9) 가격이 저렴합니다.

　　_____

　10) 15% 할인 행사 중입니다.

　　_____

📓

🔍 **정답 | 正确答案**

1. 1) 适合

   2) 发红

   3) 其他

   4) 试

   5) 成分

2. 1) 换季时，皮肤容易紧绷、干燥。

   2) 这款保湿霜可缓解干燥，镇定敏感肌肤。

   3) 营养霜可以为松弛的皮肤提供营养，改善皮肤弹性。

   4) 有助于管理细纹。

   5) 这是有助于抗衰老的高性能化妆品。

   6) 这款使用过的顾客满意度好。

   7) 这款是回购率很高的产品。

   8) 没有酒精成分，是低刺激性产品。

   9) 价格低廉。

   10) 正在打8.5折。

면세점 브랜드 이야기

■ 루이비통(L. Vuitton) & 케어링(Kering)

전 세계 럭셔리 비즈니스 산업은 상위 10대 그룹이 전 세계의 럭셔리 브랜드를 이끈다고 해도 과언이 아니다. 1위, 2위를 루이비통(L. Vuitton) 브랜드로 잘 알려진 모엣 헤네시 루이비통(LVMH) 그룹과 구찌(Gucci)로 유명한 케어링 그룹이 차지하고 있다. 1987년 주류회사인 모엣 헤네시와 루이비통이 합병되면서 두 회사의 앞자를 따서 LVMH그룹이 출범하였다. 프랑스에 본사를 둔 다국적 그룹으로 유럽과 프랑스의 시가총액 1위를 달리고 있는 그룹이 되었다. LVMH는 주류, 시계, 보석, 패션명품, 향수, 화장품 등의 섹터에 총 75개의 명품 브랜드를 거느린 세계 1위의 명품 회사가 되었다. 펜디, 크리스찬디올, 지방시, 불가리, 쇼메, 티파니 대표적인 브랜드가 이 그룹에 속해있다. 구찌(Gucci), 보테가 베네타, 발렌시아가 등의 브랜드를 거느리고 있는 프랑스 회사인 케어링 그룹(Kering S.A)은 프랑수아 피노 회장이 창업한 회사이다. 모태회사였던 가구 소매 체인회사 프랭탕 백화점이 여러 소매판매 기업들을 인수 합병하여 그룹을 키웠으며 구찌 그룹과의 전략직 제휴를 시작하면서 명품회사 반열에 들기 시작했다. 대표적인 브랜드는 구찌, 보테가 베네타, 발렌시아가, 생로랑, 부쉐론(Boucheron) 등이 있다.

第10课

化妆品 Ⅲ
(彩妆化妆品)

화장품 Ⅲ(색조 제품)

단어 | 生词

☐ 流行	liúxíng	유행(하다), 성행(하다)
☐ 口红	kǒuhóng	립스틱(lipstick)
☐ 哑光型	yǎguāngxíng	무광(無光) 타입, 광택이 없는 타입
☐ 滋润型	zīrùn xíng	촉촉한 타입
☐ 广告	guǎnggào	광고, 선전
☐ 模特	mótè	모델(model)
☐ 作为	zuòwéi	…로 하다, …으로 삼다, …로 여기다
☐ 外壳	wàiké	케이스(case), 외각
☐ 高档	gāodàng	고급의, 상등의
☐ 给予	jǐyǔ	주다
☐ 好评	hǎopíng	좋은 평판, 호평
☐ 浅	qiǎn	(색이) 연하다
☐ 一年四季	yìniánsìjì	일년 내내, 사계절
☐ 涂抹性	túmǒxìng	발림성
☐ 晕染	yūnrǎn	번짐, 번지다
☐ 唇部	chúnbù	입술, 립(Lip)
☐ 肤色	fūsè	피부색
☐ 匹配	pǐpèi	어울리다, 조화를 이루다
☐ 卸妆	xièzhuāng	화장을 지우다

☐ 光彩照人　guāngcǎi zhàorén　[성어] 아름답고 눈부셔서 사람의 이목을
　　　　　　　　　　　　　　　　　끌다

☐ 擦掉　cādiào　지우다

☐ 沾染　zhānrǎn　오염되다, 묻다

☐ 卸妆霜　xièzhuāngshuāng　클렌징크림

☐ 专用　zhuānyòng　전용(하다)

☐ 卸妆液　xièzhuāngyè　리무버(remover)

☐ 轻松　qīngsōng　수월하다, 가볍다

☐ 卸除　xièchú　벗다, 벗기다, 제거하다

회화 | 会话

店员：您有要找的产品吗？
　　　Nín yǒu yào zhǎo de chǎnpǐn ma?

顾客：能给我推荐一下最近流行的口红颜色吗？
　　　Néng gěi wǒ tuījiàn yíxià zuìjìn liúxíng de kǒuhóng yánsè ma?

店员：这次口红新品分两种类型。一种是哑光型，一种是滋润型。给
　　　您使用一下吗？
　　　Zhècì kǒuhóng xīnpǐn fēn liǎngzhǒng lèixíng. Yìzhǒng shì yǎguāngxíng,
　　　yìzhǒng shì zīrùn xíng. Gěi nín shǐyòng yíxià ma?

顾客：(试用后) 我要滋润型的口红。也推荐一下其他产品吧。
　　　(Shìyòng hòu) Wǒ yào zīrùn xíng de kǒuhóng. Yě tuījiàn yíxià qítā
　　　chǎnpǐn ba.

店员：这个产品是广告模特使用的口红。一个25美元，但是作为免
　　　税专卖商品买3个70美元。价格更便宜。
　　　Zhège chǎnpǐn shì guǎnggào mótè shǐyòng de kǒuhóng. Yíge èrshíwǔ
　　　měiyuán, dànshì zuòwéi miǎnshuì zhuānmài shāngpǐn mǎi sān ge
　　　qīshí měiyuán. Jiàgé gèng piányi.

顾客：颜色很漂亮，外壳也高档。
　　　Yánsè hěn piàoliàng, wàiké yě gāodàng.

店员：这是一款顾客购买后给予很多好评的产品。
　　　Zhè shì yìkuǎn gùkè gòumǎi hòu jǐyǔ hěn duō hǎopíng de chǎnpǐn.

顾客：再推荐一下浅一点颜色的吧。
Zài tuījiàn yíxià qiǎn yìdiǎn yánsè de ba.

店员：一年四季都可以轻松使用的粉红色的，怎么样？
Yìnián sìjì dōu kěyǐ qīngsōng shǐyòng de fěnhóngsè de, zěnmeyàng?

顾客：粉红色的也喜欢。
Fěnhóngsè de yě xǐhuān.

店员：这个口红涂抹性好，不会晕染。涂抹唇部时，与肤色匹配起来很自然，使面部看起来光彩照人。
Zhège kǒuhóng túmǒ xìng hǎo, búhuì yūnrǎn. Túmǒ chúnbù shí, yǔ fūsè pǐpèi qǐlái hěn zìrán, shǐ miànbù kàn qǐlai guāngcǎi zhàorén.

顾客：这个口红颜色是我特别喜欢的颜色。
Zhège kǒuhóng yánsè shì wǒ tèbié xǐhuān de yánsè.

店员：这个产品不容易擦掉，也不容易沾染。
Zhège chǎnpǐn bù róngyì cādiào, yě bù róngyì zhānrǎn.

顾客：用一般的卸妆霜卸妆就可以吗？
Yòng yìbān de xièzhuāngshuāng xièzhuāng jiù kěyǐ ma?

店员：卸妆时用唇部专用卸妆液，可轻松卸除还能滋养唇部。
Xièzhuāng shí yòng chúnbù zhuānyòng xièzhuāngyè, kě qīngsōng xièchú hái néng zīyǎng chúnbù.

顾客：知道了。这些商品请全部结算。
Zhīdào le. Zhèxiē shāngpǐn qǐng quánbù jiésuàn.

본문해석 | 课文翻译

직원 : 찾으시는 제품 있으세요?

고객 : 요즘 유행하는 색상의 립스틱을 권해 주시겠습니까?

직원 : 이번 신상품으로 두 가지 타입의 립스틱이 나왔습니다. 하나는 매트(Matt)한 타입이고, 하나는 촉촉한 타입입니다. 한번 테스트해 봐 드릴까요?

고객 : (테스트 후) 촉촉한 타입의 립스틱으로 하겠습니다. 다른 제품도 추천해 주세요.

직원 : 이 제품은 브랜드 광고모델이 바른 립스틱입니다. 한 개는 25달러인데 면세 전용 상품으로 3개 구입하시면 70달러입니다. 가격이 더 저렴합니다.

고객 : 색상도 아주 예쁘네요, 케이스도 고급스러워요.

직원 : 고객의 구매 평이 아주 좋은 제품입니다.

고객 : 조금 연한 색상으로 또 추천해 주세요.

직원 : 사계절 내내 무난하게 사용할 수 있는 분홍색은 어떠세요?

고객 : 분홍색도 마음에 드네요.

직원 : 이 립스틱은 발림성도 좋고 번짐이 없어 인기가 많습니다. 입술에 발랐을 때 피부 톤과도 자연스럽게 어울려 얼굴이 화사하게 보입니다.

고객 : 이 립스틱 색깔은 제가 굉장히 좋아하는 색깔이에요.

직원 : 이 제품은 잘 지워지지도 않고 묻어나지도 않습니다.

고객 : 일반 클렌징크림으로 지우면 되나요?

직원 : 지우실 때는 립 전용 리무버로 사용하시면 잘 지워지고 입술에 영양공급도 됩니다.

고객 : 알겠습니다. 이 제품 모두 계산해 주세요.

플러스 문장 | 补充文章

내용물을 적당량 덜어 입술에 부드럽게 펴 발라주세요.
取适量内容物，轻柔涂抹在唇部。
Qǔ shìliàng nèiróng wù, qīngróu túmǒ zài chúnbù.

그러데이션 발색을 위해서 입술 안쪽에 얇게 발라준 후 손가락이나 면봉으로 번지듯이 발라주시면 됩니다.
为了晕染显色，在嘴唇内侧轻薄涂抹后，用手指或棉棒晕染涂抹即可。
Wèile yūnrǎn xiǎnsè, zài zuǐchún nèicè qīngbó túmǒ hòu, yòng shǒuzhǐ huò miánbàng yūnrǎn túmǒ jíkě.

이번 아이섀도 팔레트 색상은 아주 인기 많은 색상으로 구성되어 있습니다.
这次眼影调色板的配色都是由非常流行的颜色组成。
Zhècì yǎnyǐng tiáosèbǎn de pèisè dōu shì yóu fēicháng liúxíng de yánsè zǔchéng.

눈가에 매끄럽게 발라주시면 광택 있는 글로우로 반짝이게 해줍니다.
轻柔涂抹在眼角周围，使其具有闪亮的光泽。
Qīngróu túmǒ zài yǎnjiǎo zhōuwéi, shǐ qí jùyǒu shǎnliàng de guāngzé.

바르는 즉시 피부 톤을 밝게 만들어 주어 피부를 촉촉하고 밝게 만들어 줍니다.
涂抹瞬间可使肤色变得明亮，让皮肤更加水润亮泽。
Túmǒ shùnjiān kě shǐ fūsè biàn de míngliàng, ràng pífū gèngjiā shuǐrùn liàngzé.

비타민과 필수 영양을 공급해주는 시어버터가 함유되어 피부를 보호해 줍니다.
含有乳木果油，为皮肤提供维生素和必需的营养保护。
Hányǒu rǔmùguǒ yóu, wèi pífū tígōng wéishēngsù hé bìxū de yíngyǎng bǎohù.

이 제품은 프라이머로 사용할 수 있으며, 하이라이팅 피니셔로도 사용 가능한 멀티기능 제품입니다.

这个产品可作妆前乳使用，也可作高光修容液使用，是一款多功能产品。

Zhège chǎnpǐn kě zuò zhuāngqiánrǔ shǐyòng, yě kě zuò gāoguāng xiūróngyè shǐyòng, shì yì kuǎn duōgōngnéng chǎnpǐn.

화사한 피부톤과 입체적인 메이크업을 완성해줍니다.

可打造光彩照人的肤色和立体彩妆。

Kě dǎzào guāngcǎi zhàorén de fūsè hé lìtǐ cǎizhuāng.

발색이 잘되고 메이크업이 오랫동안 유지될 수 있습니다.

显色效果好，可长时间保持妆容。

Xiǎnsè xiàoguǒ hǎo, kě cháng shíjiān bǎochí zhuāngróng.

화장을 지우실 때는 메이크업 전용 리무버로 지워주세요.

卸妆时请使用专用卸妆液卸妆。

Xièzhuāng shí qǐng shǐyòng zhuānyòng xièzhuāngyè xièzhuāng.

이 두 색상을 그러데이션 해서 사용해주시면 발색감이 좋습니다.

将两种颜色晕染后使用，显色感更好。

Jiāng liǎngzhǒng yánsè yūnrǎn hòu shǐyòng, xiǎnsè gǎn gènghǎo.

이 마스카라는 워터푸르프(Water-Proof) 타입으로 잘 뭉치지 않습니다.

这款睫毛膏是防水类型，不易凝结。

Zhè kuǎn jiémáogāo shì fángshuǐ lèixíng, búyì níngjié.

아이라이너는 펜슬 타입과 붓 타입이 있습니다.

眼线笔有眼线胶笔和眼线液笔。

Yǎnxiànbǐ yǒu yǎnxiàn jiāobǐ hé yǎnxiàn yè bǐ.

이 아이라이너는 번지지 않고 잘 그려집니다.

这个眼线笔不会晕染，可以画得很好。

Zhège yǎnxiànbǐ búhuì yūnrǎn, kěyǐ huà de hěn hǎo.

이 아이라이너는 부드럽게 발리며 발색이 좋습니다.

这个眼线笔可以轻柔涂抹，显色效果很好。

Zhège yǎnxiànbǐ kěyǐ qīngróu túmǒ, xiǎnsè xiàoguǒ hěn hǎo.

이 쿠션은 커버력이 좋고 얇게 발립니다.

这个气垫遮瑕效果好，涂抹起来很轻薄。

Zhège qìdiàn zhē xiá xiàoguǒ hǎo, túmǒ qǐlái hěn qīngbó.

이 쿠션은 화장을 수정하실 때 편하게 사용할 수 있습니다.

用这个气垫补妆的时候会很方便.

Yòng zhège qìdiàn bǔzhuāng de shíhòu huì hěn fāngbiàn.

피부톤이 밝으신 분들은 보통 21호를, 자연스러운 컬러를 원하시면 22호를 주로 사용하십니다.

肤色较亮的人一般使用21号，想要自然颜色的话一般使用22号。

Fūsè jiàoliàng de rén yìbān shǐyòng èrshíyī hào, xiǎng yào zìrán yánsè dehuà yìbān shǐyòng èrshí'èr hào.

플러스 어휘 | 补充单词

■ 메이크업 제품 용어

☐	파우더, 콤팩트	粉饼	fěnbǐng
☐	에어쿠션	气垫	qìdiàn
☐	BB크림	BB霜	BB shuāng
☐	아이섀도	眼影	yǎnyǐng
☐	마스카라	睫毛膏	jiémáogāo
☐	립밤	唇膏	chúngāo
☐	립틴트	唇彩	chúncǎi
☐	립글로스	唇蜜	chúnmì
☐	립스틱	口红	kǒuhóng
☐	파운데이션	粉底霜/粉底液	fěndǐshuāng/fěndǐyè
☐	메이크업 브러시	化妆刷/粉底刷	huàzhuāngshuā/fěndǐshuā
☐	리필용 파운데이션	替换用 粉底霜	tìhuànyòng fěndǐshuāng
☐	속눈썹	睫毛	jiémáo
☐	스크럽	磨砂膏	móshāgāo
☐	메이크업 팔레트	彩妆盘	cǎizhuāngpán
☐	아이라이너	眼线笔	yǎnxiànbǐ
☐	펜슬타입	眼线胶笔	yǎnxiàn jiāobǐ

☐ 붓타입	眼线液笔	yǎnxiàn yèbǐ
☐ 매니큐어	指甲油	zhǐjiǎyóu
☐ 탑코트(top coat)	亮甲油	liàngjiǎyóu
☐ 젤코트(gel coat)	凝胶指甲油	níngjiāo zhǐjiǎyóu
☐ 립 라이너	唇线笔	chún xiàn bǐ
☐ 네일 리무버	卸甲水	xiè jiǎ shuǐ

연습문제 | 练习题

1. 괄호 안에 들어갈 단어를 보기에서 고르세요.

> [보기]　滋润　　浅　　流行　　高档　　卸妆

1) 能给我推荐一下最近(　　　　)的口红颜色吗?

2) 我要(　　　　)型的口红。

3) 颜色很漂亮, 外壳也(　　　　)。

4) 再推荐一下(　　　　)一点颜色的吧。

5) 用一般的卸妆霜(　　　　)就可以吗?

2. 아래 한국어 문장을 중국어로 번역하세요.

1) 이번 신상품으로 두 가지 타입의 립스틱이 나왔습니다.

_____

2) 하나는 매트(Matt)한 타입이고 하나는 촉촉한 타입입니다.

_____

3) 이 제품은 브랜드 광고모델이 바른 립스틱입니다.

_____

4) 면세 전용 상품으로 3개 구입하시면 70달러입니다.

_____

5) 고객의 구매 평이 아주 좋은 제품입니다.

_____

6) 사계절 내내 무난하게 사용할 수 있는 분홍색은 어떠세요?

_____

7) 이 립스틱은 발림성도 좋고 번짐이 없어 인기가 많습니다.

_____

8) 이 제품은 잘 지워지지도 않고 묻어나지도 않습니다.

_____

9) 지우실 때는 립 전용 리무버로 사용하시면 잘 지워지고 입술에 영양공급도
됩니다.

_____

_____

10) 이 제품 모두 계산해 주세요.

_____

정답 | 正确答案

1. 1) 流行

   2) 滋润

   3) 高档

   4) 浅

   5) 卸妆

2. 1) 这次口红新品分两种类型。

   2) 一种是哑光型，一种是滋润型。

   3) 这个产品是广告模特使用的口红。

   4) 作为免税专卖商品买3个70美元。

   5) 这是一款顾客购买后给予很多好评的产品。

   6) 一年四季都可以轻松使用的粉红色的，怎么样？

   7) 这个口红涂抹性好，不会晕染。

   8) 这个产品不容易擦掉，也不容易沾染。

   9) 卸妆时用唇部专用卸妆液，可轻松卸除还能滋养唇部。

   10) 这些商品请全部结算

면세점 브랜드 이야기

■ 에스티로더 컴퍼니즈(Estée Lauder Companies) &
로레알 그룹(L'Oréal Group)

세계적인 명품 화장품 이끄는 기업에는 미국 뉴욕에 본사를 두고 있는 에스티로더 컴퍼니즈(Estée Lauder Companies)와 프랑스의 로레알 그룹(L'Oréal Group)이 대표적인 화장품 기업이다. 한국에 들어와 있는 에스티로더 컴퍼니즈의 브랜드는 갈색병으로 유명한 에스티로더, 아베다, 크리니크, 향수 브랜드 조말론 등이 있다. 로레알 그룹은 랑콤 인수합병을 시작으로 입생로랑, 키엘, 조르지오 아르마니, 헬레나 루빈스타인, 약국화장으로 유명한 라로슈포제 등의 여러 브랜드를 보유하고 있다. 우리나라의 기업인 스타일난다도 인수하여 3CE 화장품도 운영하고 있다.

■ 에스티로더 그룹(Estée Lauder Group)

Dr.Jart+	EDITIONS DE PARFUMS FREDERIC MALLE	Ermenegildo Zegna
ESTĒE LAUDER	GLAMGLOW	JO MALONE LONDON
Kilian PARIS	LA MER	LAB SERIES
LE LABO	M·A·C	MICHAEL KORS
ORIGINS	smashbox	TOM FORD BEAUTY
TOMMY HILFIGER		Too Faced
DARPHIN PARIS	DKNY	DONNAKARAN

■ 로레알 그룹(L'Oréal Group)

LANCÔME
PARIS

Kiehl's
SINCE 1851

VALENTINO
BEAUTY

Atelier Cologne
MAISON DE PARFUM
PARIS

STYLENANDA

MAYBELLINE
NEW YORK

ᵘᴅ
URBAN DECAY

HR
HELENA RUBINSTEIN

SkinCeuticals
ADVANCED PROFESSIONAL SKINCARE

LA ROCHE-POSAY
LABORATOIRE DERMATOLOGIQUE

第11课

香水

향수

단어 | 生词

☐	闻	wén	냄새를 맡다
☐	香水	xiāngshuǐ	향수
☐	味道	wèidào	맛, 냄새
☐	香气	xiāngqì	향기
☐	清香	qīngxiāng	상쾌한[맑은] 향기
☐	好闻	hǎowén	냄새가 좋다
☐	合适	héshì	알맞다, 적당하다
☐	花香系列	huāxiāng xìliè	플로럴 계열
☐	叠加	diéjiā	서로 중첩되다, 중첩되어 겹치다
☐	打造	dǎzào	만들다, 제조하다
☐	独特	dútè	독특하다
☐	女士	nǚshì	여성용
☐	男女	nánnǚ	남자와 여자
☐	通用	tōngyòng	공용, 공통하다, 통용하다
☐	喷	pēn	(물 등을) 뿌리다
☐	喷洒	pēnsǎ	(분무기로) 뿌리다
☐	手腕	shǒuwàn	팔목, 손목
☐	耳后	ěrhòu	귀 뒤, 귓등
☐	脉搏	màibó	맥박

☐	跳动	tiàodòng	(심장이) 뛰다
☐	处	chù	곳, 장소, 지점
☐	伤口	shāngkǒu	상처
☐	部位	bùwèi	부위
☐	装	zhuāng	(물품을) 담다
☐	礼品盒	lǐpǐnhé	선물함, 선물케이스

회화 | 会话

店员：您好？这个是新产品。您可以闻一闻这款香水的味道。
Nín hǎo? Zhège shì xīn chǎnpǐn. Nín kěyǐ wényīwén zhè kuǎn xiāngshuǐ de wèidào.

顾客：香气清香，很好闻。
Xiāngqì qīngxiāng, hěn hǎowén.

店员：其他款也试闻一下吧。这款香水是花香系列的香水，适合顾客的年龄层使用。
Qítā kuǎn yě shìwén yíxià ba. Zhè kuǎn xiāngshuǐ shì huāxiāng xìliè de xiāngshuǐ, shìhé gùkè de niánlíngcéng shǐyòng.

顾客：这个香水也好闻，香味在哪里使用都合适。
Zhège xiāngshuǐ yě hǎo wén, xiāngwèi zài nǎlǐ shǐyòng dōu héshì.

店员：这款香水很适合与第一款香水一起叠加使用，可打造出独特香。这款香水有30毫升，50毫升，100毫升三种。
Zhè kuǎn xiāngshuǐ hěn shìhé yǔ dìyīkuǎn xiāngshuǐ yìqǐ diéjiā shǐyòng, kě dǎzào chū dútè xiāng. Zhè kuǎn xiāngshuǐ yǒu sānshí háoshēng, wǔshí háoshēng, yìbǎi háoshēng sānzhǒng.

顾客：是女士香水吗？
Shì nǚshì xiāngshuǐ ma?

店员：是男女通用的。
Shì nánnǚ tōngyòng de.

顾客：那么给我两瓶吧。一瓶我自己用，一瓶送给朋友。
Nàme gěi wǒ liǎng píng ba. yìpíng wǒ zìjǐ yòng, Yìpíng sònggěi péngyǒu.

店员：那我给你准备两瓶。
Nà wǒ gěi nǐ zhǔnbèi liǎngpíng.

顾客：一般喷在哪里呢？
Yìbān pēn zài nǎlǐ ne?

店员：喷洒在手腕，耳后脉搏跳动处。尽量不要喷洒在有伤口的部位。
Pēnsǎ zài shǒuwàn, ěrhòu màibó tiàodòng chù. Jǐnliàng búyào pēnsǎ zài yǒu shāngkǒu de bùwèi.

顾客：好，明白了。
Hǎo, míngbái le.

店员：帮您装到礼品盒里以便于您送礼。
Bāng nín zhuāng dào lǐpǐnhé lǐ yǐbiàn yú nín sònglǐ.

顾客：谢谢。
Xièxiè.

본문해석 | 课文翻译

직원 : 안녕하십니까? 이번에 나온 신상품입니다. 시향 한번 해보세요.

고객 : 향이 싱그럽고 좋네요.

직원 : 다른 향도 시향해 보세요. 이 향수는 플로럴 계열의 향수인데 고객님 연령대에 적합할 것 같습니다.

고객 : 이 향수도 향이 좋군요, 어디에 사용해도 무난한 향이네요.

직원 : 이 향수는 첫 번째 향수와 함께 레이어링해서 사용하시면 잘 어울립니다. 독특한 향이 만들어져요. 이 향수는 30ml, 50ml, 100ml 3종류가 있습니다.

고객 : 여성용 향수입니까?

직원 : 남녀공용 제품입니다.

고객 : 그럼 두 병 다 주세요. 한 병은 제가 쓰고 한 병은 친구에게 선물하면 될 것 같아요.

직원 : 그럼 두 병 준비해 드리겠습니다.

고객 : 보통 어디에 뿌리면 되나요?

직원 : 손목, 귀 뒤 맥박이 뛰는 곳에 뿌려주세요. 상처가 있는 부위에는 가급적 뿌리지 마시고요.

고객 : 네, 알겠습니다.

직원 : 선물하실 수 있도록 선물케이스에 잘 넣어 드리겠습니다.

고객 : 고맙습니다.

플러스 문장 | 补充文章

이 향은 연령대에 상관없이 무난한 향입니다.

这个香味是哪个年龄段都无可挑剔的香味。

Zhège xiāngwèi shì nǎge niánlíngduàn dōu wúkětiāotī de xiāngwèi.

고급스러우면서 세련된 향을 느낄 수 있으며, 고체 타입이라 휴대가 편리합니다.

可感受奢华精致的香味，并且是固体类型便于携带。

Kě gǎnshòu shēhuá jīngzhì de xiāngwèi, bìngqiě shì gùtǐ lèixíng biànyú xiédài.

이 향수는 향이 은은합니다.

香味似有若无，淡淡的。

Xiāngwèi shì yǒu ruò wú, dàndàn de.

이 향수는 리미티드 에디션(Limited Edition)으로 출시되었습니다.

此款香水以限量版上市。

Cǐkuǎn xiāngshuǐ yǐ xiànliàngbǎn shàngshì.

어떤 향을 좋아하세요?

你喜欢什么香味？

Nǐ xǐhuān shénme xiāngwèi?

향수를 주로 언제 사용하시나요?

香水主要什么时候使用？

Xiāngshuǐ zhǔyào shénme shíhòu shǐyòng?

이 향수는 자기 전에 뿌리시면 마음이 편해지는 향입니다.

这款香水在睡前喷的话，是可以让人心情舒畅的香味。

Zhè kuǎn xiāngshuǐ zài shuì qián pēn dehuà, shì kěyǐ ràng rén xīnqíng shūchàng de xiāngwèi.

스포츠 타입으로 나온 향입니다.

这款香水是运动型香水。

Zhè kuǎn xiāngshuǐ shì yùndòngxíng xiāngshuǐ.

이 향수는 샤워 후에 뿌리기에 적당한 향수입니다.

这款香水适合沐浴后喷。

Zhè kuǎn xiāngshuǐ shìhé mùyù hòu pēn.

이 향수는 평소에 사용하기에 무난한 향수입니다.

这款香水适合日常使用。

Zhè kuǎn xiāngshuǐ shìhé rìcháng shǐyòng.

이 향수는 하루 종일 은은한 향이 유지됩니다.

这款香水可以一整天都散发着淡淡的香味。

Zhè kuǎn xiāngshuǐ kěyǐ yìzhěngtiān dōu sànfà zhe dàndànde xiāngwèi.

플러스 어휘 | 补充单词

☐ 오드 트왈렛(eau de toilette)	淡型香水	dànxíng xiāngshuǐ
☐ 퍼퓸(perfume)	浓香水	nóng xiāngshuǐ
☐ 오드 퍼퓸(eau de perfume)	香水	xiāngshuǐ
☐ 오드 코롱(eau de cologne)	古龙水	gǔlóngshuǐ
☐ 애프터 셰이브(After Shave)	须后水	xūhòushuǐ
☐ 데오도란트(Deodorant)	走珠	zǒuzhū
☐ 탑노트(Top Note)	前调	qiándiào
☐ 미들노트(middle Note)	中调	zhōngdiào
☐ 베이스노트(base Note)	基调/后味	ijīdiào/hòuwèi
☐ 시그니처(signature) 향수	署名香水	shǔmíng xiāngshuǐ
☐ 산뜻하다	清爽/清淡	qīngshuǎng/qīngdàn
☐ 레더(가죽) 케이스(Leather Case)	皮革 盒子	pígé hézi
☐ 리미티드 에디션(Limited Edition)	限量版	xiànliàngbǎn
☐ 베르가못(bergamot) 향	香柠檬 香味/佛手柑香味	xiāngníngméng xiāngwèi/fóshǒugān xiāngwèi
☐ 로즈 향	玫瑰香	méigu ixiāng
☐ 자스민 향	茉莉花香	mòlìhuā xiāng
☐ 라벤더 향	薰衣草香	xūnyīcǎo xiāng

☐ 각인 서비스	刻印服务	kèyìn fúwù
☐ 상큼한 향	清香	qīngxiāng
☐ 머스크 향	麝香	shè xiāng
☐ 달콤한 향	甜香	tián xiāng
☐ 우아한 머스크향	优雅的麝香	yōuyǎ de shè xiāng
☐ 시트러스 향	柑橘香	gānjú xiāng
☐ 과일 향	果香	guǒ xiāng

연습문제 | 练习题

1. 괄호 안에 들어갈 단어를 보기에서 고르세요.

> [보기]　闻　毫升　香气　喷　瓶

1) (　　　　)清香，很好闻。

2) 其他款也试(　　　　)一下吧。

3) 这款香水有30(　　　　)、50(　　　　)、100(　　　　)三种。

4) 一(　　　　)我自己用，一瓶送给朋友。

5) 一般(　　　　)在哪里呢?

2. 아래 한국어 문장을 중국어로 번역하세요.

1) 이번에 나온 신상품입니다.

_____

2) 시향 한번 해보세요.

_____

3) 이 향수는 플로럴 계열의 향수입니다.

_____

4) 이 향수는 첫 번째 향수와 함께 레이어링해서 사용하시면 잘 어울립니다.

_____

5) 여성용 향수입니까?

_____

6) 남녀공용 제품입니다.

_____

7) 그럼 두 병 준비해 드리겠습니다.

_____

8) 손목, 귀 뒤 맥박이 뛰는 곳에 뿌려주세요.

_____

9) 상처가 있는 부위에는 가급적 뿌리지 마세요.

_____

10) 선물하실 수 있도록 선물케이스에 잘 넣어 드리겠습니다.

_____

정답 | 正确答案

1. 1) 香气
   2) 闻
   3) 毫升，毫升，毫升
   4) 瓶，瓶
   5) 喷

2. 1) 这个是新产品。
   2) 您可以闻一闻这款香水的味道。
   3) 这款香水是花香系列的香水。
   4) 这款香水很适合与第一款香水一起叠加使用，可打造出独特香。
   5) 是女士香水吗?
   6) 是男女通用的。
   7) 那我给你准备两瓶。
   8) 喷洒在手腕，耳后脉搏跳动处。
   9) 尽量不要喷洒在有伤口的部位。
   10) 帮您装到礼品盒里以便于您送礼。

면세점 향수 이야기

　17세기 프랑스에서 가죽 산업이 발달했는데 남부 프로방스 지방에서 자라는 자스민, 장미꽃, 라벤더 등의 허브들을 욕조에 가죽과 함께 담가서 가죽 특유의 냄새를 제거했다고 한다. 그 아이디어가 채택되면서 프랑스가 대표적인 향수의 나라가 되었다. 향수는 향 (Scent)과 향수병 디자인이 중요한 역할을 한다. 향은 처음 시향을 할 때 알코올이 날아가면서 처음 나타나는 향을 탑노트, 그다음 나오는 향을 미들노트 그리고 향수를 뿌린 후에 남는 잔향을 베이스 노트라고 한다. 향수의 종류에는 오일의 농도와 향의 지속 시간 등에 따라 퍼퓸(Perfume), 오드 퍼퓸(Eau de Perfume, EDP), 오드 트왈렛(Eau de Toilette, EDT), 오드 코롱(Eau de Cologne, EDC), 오 프레시(Eau Fraiche)로 나눈다.

- 퍼퓸(Perfume) : 오일 농도가 20~30%의 향수로 향이 8시간 이상 지속된다.

- 오드 퍼퓸(Eau de Parfume) : 오일 농도가 15~20%의 향수로 평균 4~5시간 정도 향이 지속된다.

- 오드 트왈렛(Eau de Toilette) : 오일 농도가 5~15%의 향수로 가장 인기 있는 타입이며, 오드 퍼퓸보다는 가격이 저렴하고 향이 2~3시간 유지된다.

- 오드 코롱(Eau de cologne) : 오일 농도가 2~4%의 향수로 알코올 함유량이 높습니다. 오드 코롱은 전통적인 향수 제조방식으로 만드는데, 가격은 저렴한 편이며 향은 2시간까지 지속된다.

- 오 프레시(Eau Fraiche) : 오일 농도가 1~3%로 낮으며 향은 2시간 정도 지속된다. 오드 코롱보다 알코올 양이 더 적다. 오 프레시는 민감한 피부에도 사용할 수 있도록 거의 대부분이 물로 구성되어 있다.

第12课

手表

시계

단어 | 生词

☐ 购买	gòumǎi	구매하다
☐ 礼物	lǐwù	예물, 선물
☐ 手表	shǒubiǎo	시계
☐ 款式	kuǎnshì	양식, 스타일, 디자인, 모델
☐ 薄	báo	얇다
☐ 轻	qīng	(중량이) 가볍다
☐ 欧米茄	ōumǐjiā	오메가
☐ 抵抗	dǐkàng	저항(하다), 대항(하다)
☐ 磁场	cíchǎng	자기장
☐ 抗磁性	kàngcíxìng	항자성(抗磁性), 반자성(反磁性)
☐ 机芯	jīxīn	무브먼트(시계가 작동하도록 하는, 시계 내부의 중추적 장치)
☐ 准确性	zhǔnquèxìng	정확성
☐ 性能	xìngnéng	성능
☐ 最佳	zuìjiā	최적이다, 가장 적당하다
☐ 自动机械表	zìdòng jīxiè biǎo	오토매틱(automatic) 시계, 자동식 시계
☐ 能量储备	néngliàng chǔbèi	파워리저브
☐ 戴	dài	착용하다, 쓰다
☐ 运转	yùnzhuàn	회전하다, 돌다, 운행하다, 작동하다

☐	自动手表	zìdòng shǒubiǎo	오토매틱 시계
☐	零件	língjiàn	부품, 부속품
☐	瑞士	ruìshì	스위스
☐	保修期	bǎoxiūqī	품질 보증기간
☐	更换	gēnghuàn	교체하다, 바꾸다
☐	表带	biǎodài	시곗줄, 스트랩, 밴드
☐	展现	zhǎnxiàn	전개하다, (눈앞에) 펼쳐지다
☐	风格	fēnggé	분위기
☐	售后服务	shòuhòu fúwù	애프터 서비스(after service), AS
☐	直营店	zhíyíngdiàn	직영점
☐	随附	suífù	동봉하다
☐	保修卡	bǎoxiūkǎ	보증서
☐	长度	chángdù	길이
☐	手腕	shǒuwàn	손목

회화 | 会话

顾客：我想购买男女手表作为结婚礼物。
Wǒ xiǎng gòumǎi nánnǚ shǒubiǎo zuòwéi jiéhūn lǐwù.

店员：本人要使用吗？
Běnrén yào shǐyòng ma?

顾客：是的。
Shì de.

店员：给您看看新出的款式。
Gěi nín kànkan xīnchū de kuǎnshì.

顾客：又薄又轻。
Yòu báo yòu qīng.

店员：这款欧米茄手表配有可抵抗磁场的强力抗磁性机芯，在准确性和性能上是最佳的。
Zhè kuǎn ōumǐjiā shǒubiǎo pèiyǒu kě dǐkàng cíchǎng de qiánglì kàngcíxìng jīxīn, zài zhǔnquèxìng hé xìngnéng shàng shì zuìjiā de.

顾客：这款手表也拿给我看一下。
Zhè kuǎn shǒubiǎo yě nágěi wǒ kàn yíxià.

店员：这个表是自动机械表，不戴就会停止。这个表的能量储备是60小时。
Zhège biǎo shì zìdòng jīxièbiǎo, bú dài jiù huì tíngzhǐ. Zhège biǎo de néngliàng chǔbèi shì liùshí xiǎoshí.

顾客：什么是能量储备？
Shénme shì néngliàng chǔbèi?

店员：能量储备是指不戴手表时，手表独自运转的时间。
Néngliàng chǔbèi shì zhǐ bú dài shǒubiǎo shí, shǒubiǎo dúzì yùnzhuàn de shíjiān.

顾客：如果是自动表的话，会不会有点麻烦？
Rúguǒ shì zìdòng biǎo dehuà, huìbúhuì yǒudiǎn máfan?

店员：但还是有很多人喜欢自动手表。手表的零件是瑞士生产的。
Dàn háishì yǒu hěnduō rén xǐhuān zìdòng shǒubiǎo. Shǒubiǎo de língjiàn shì ruìshì shēngchǎn de.

顾客：保修期是多久？
Bǎoxiūqī shì duōjiǔ?

店员：欧米茄手表的保修期为5年。
Ōumǐjiā shǒubiǎo de bǎoxiūqī wéi wǔ nián.

顾客：可以更换表带吗？
Kěyǐ gēnghuàn biǎodài ma?

店员：可以。通过更换表带可展现不同风格。换成皮带也很漂亮。
Kěyǐ. Tōngguò gēnghuàn biǎodài kě zhǎnxiàn bùtóng fēnggé. Huànchéng pídài yě hěn piàoliàng.

顾客：手表的售后服务怎么样？
Shǒubiǎo de shòuhòu fúwù zěnmeyàng?

店员：我们的手表只在本公司的直营店内销售，如果想要售后服务，请携带手表随附的保修卡。
Wǒmen de shǒubiǎo zhǐ zài běn gōngsī de zhíyíngdiàn nèi xiāoshòu, rúguǒ xiǎng yào shòuhòu fúwù, qǐng xiédài shǒubiǎo suífù de bǎoxiūkǎ.

顾客：好的，知道了。
Hǎo de, zhīdào le.

店员：给您调整一下手表表带的长度。这样舒服吗？请确认与您的手腕是否合适。
Gěi nín tiáozhěng yíxià shǒubiǎo biǎodài de chángdù. Zhèyàng shūfu ma? Qǐng quèrèn yǔ nín de shǒuwàn shìfǒu héshì.

顾客：是的，现在正好。
Shì de, xiànzài zhènghǎo.

본문해석 | 课文翻译

고객 : 예물용으로 남녀 시계를 구매하고 싶습니다.

직원 : 본인이 사용하실 건가요?

고객 : 네.

직원 : 새로 나온 모델로 보여 드리겠습니다.

고객 : 얇고 가볍네요.

직원 : 이 오메가 시계는 자기장에도 견딜 수 있는 강력한 항자성(抗磁性) 무브먼트
가 장착되어 정확성과 성능에 있어서 최고입니다.

고객 : 이 시계도 좀 보여 주세요.

직원 : 이 시계는 오토매틱시계라 착용을 안 하면 정지됩니다. 이 시계의 파워리저
브는 60시간입니다.

고객 : 파워리저브가 무엇인가요?

직원 : 파워리저브는 시계를 착용하지 않을 때 혼자 시계가 작동하는 시간을 말합니다.

고객 : 오토매틱이면 조금 번거롭지 않을까요?

직원 : 그래도 오토매틱 시계를 좋아하는 분들이 많으세요. 시계 부품은 스위스 제
품입니다 .

고객 : 품질 보증기간은 어떻게 되나요?

직원 : 오메가 시계는 품질보증 기간이 5년입니다.

고객 : 시곗줄(스트랩)을 교체할 수도 있나요?

직원 : 네, 시곗줄(스트랩)을 바꾸어 끼면 색다른 분위기를 연출할 수 있습니다. 가
죽 시곗줄(스트랩)로 바꾸셔도 예쁩니다.

고객 : 시계의 애프터 서비스(AS)는 어떻게 되나요?

직원 : 저희 시계는 본사에서 운영하는 직영점에서만 유통됩니다. A/S를 받으시려면 시계에 동봉된 보증서를 가지고 오시면 됩니다.

고객 : 네, 알겠습니다.

직원 : 시곗줄 길이를 조정해 드릴게요. 이 정도면 편하세요? 손목에 편안하게 잘 맞는지 확인해 주세요.

고객 : 네, 지금 딱 좋네요.

플러스 문장 | 补充文章

이 시계는 오토메틱 시계(자동)입니다.

这个手表是自动手表。

Zhège shǒubiǎo shì zìdòng shǒubiǎo.

이 시계는 쿼츠(quartz) 시계(배터리로 작동하는 시계)입니다.

这个表是电池表。

Zhège biǎo shì diànchí biǎo.

이 시계는 내부가 보이는 스켈레톤(sceleton) 시계입니다.

这个手表是能看见内部的透明表。

Zhège shǒubiǎo shì néng kànjiàn nèibù de tòumíng biǎo.

*스켈레톤(sceleton) 시계 : 기계식 시계 케이스의 앞면 케이스를 통해 시계 내부
무브먼트를 볼 수 있는 시계

이 시계는 정밀하고 견고한 무브먼트가 장착되어 있습니다.

这款手表配备了精密而坚固的机芯。

Zhè kuǎn shǒubiǎo pèibèi le jīngmì ér jiāngù de jīxīn.

이 시계는 태엽을 감아서 시간과 날짜를 맞춥니다.

这个表上绑着发条，配合时间和日期。

Zhège biǎo shàng bǎng zhe fātiáo, pèihé shíjiān hé rìqī.

알루미늄 베젤(bezel) 링과 다이얼을 가지고 있습니다.

有铝制表圈和表盘。

Yǒu lǚzhì biǎoquān hé biǎopán.

이 시계의 올바른 와인딩 방법을 알려드리겠습니다.

下面为您介绍如何正确的给手表上弦。

Xiàmiàn wèi nín jièshào rúhé zhèngquè de gěi shǒubiǎo shàngxián.

시계 와인딩을 하실 때는 매일 아침 또는 자기 전에 크라운을 20번에서 30번 돌려주세요.

请每天早晨或睡觉前旋转表冠20到30次给手表上弦。

Qǐng měitiān zǎochén huò shuìjiào qián xuánzhuǎn biǎoguān èrshí dào sānshí cì gěi shǒubiǎo shàngxián.

이동 중에는 와인딩을 하지 마시고, 안전한 자리에 가셔서 차분하게 돌려주시면 됩니다.

上弦时不要在移动中进行，请选择一个安全的地方慢慢进行。

Shàngxián shí búyào zài yídòng zhōng jìnxíng, qǐng xuǎnzé yíge ānquán de dìfang mànmān jìnxíng.

시계를 보관하실 때는 항상 시계케이스에 함께 넣어 보관해주세요.

需要保管手表时，请把手表放在手表盒里保管。

Xūyào bǎoguǎn shǒubiǎo shí, qǐng bǎ shǒubiǎo fàngzài shǒubiǎo héli bǎoguǎn.

시계를 깨끗하게 유지하시려면 극세사 천을 이용해 사파이어 크리스탈(시계 유리 부분)과 다이얼 부분을 그리고 시계 뒷면도 깨끗이 닦아주세요.

如想保持手表的干净，请使用超细纤维布将蓝宝石水晶(手表玻璃部分)和表盘部分都擦拭干净。

Rú xiǎng bǎochí shǒubiǎo de gānjìng, qǐng shǐyòng chāoxìxiānwéibù jiāng lánbǎoshí shuǐjīng(shǒubiǎo bōli bùfèn) hé biǎopán bùfèn dōu cāshì gānjìng.

이번 기간에 구매하시면 사은품으로 시곗줄도 증정해 드립니다.

在这段时间购买产品赠送表带。

Zài zhè duàn shíjiān gòumǎi chǎnpǐn zèngsòng biǎodài.

패션 시계는 얇으면서 가볍고 어느 옷이나 무난하게 어울립니다.

装饰表又轻又薄，适合任何衣服。

Zhuāngshì biǎo yòu qīng yòu báo, shìhé rènhé yīfu.

이 시계는 심플하면서 세련됐어요.

这个手表又简约又时尚。

Zhège shǒubiǎo yòu jiǎnyuē yòu shíshàng.

이 브랜드의 시계는 미국/이탈리아/스위스/덴마크/일본/프랑스에서 만들어집니다.

这个品牌的手表是美国/意大利/瑞士/丹麦/日本/法国生产。

Zhège pǐnpái de shǒubiǎo shì měiguó/yìdàlì/ruìshì/dānmài/rìběn/fǎguó shēngchǎn.

이 제품은 남성용/여성용/남녀공용입니다.

这款产品是男款/女款/男女共用款。

Zhè kuǎn chǎnpǐn shì nánkuǎn/nǔkuǎn/nánnǔ gòngyòng kuǎn.

나중에 가죽 밴드로 구매하셔서 바꾸실 수 있습니다.

以后您可以买皮的手表带换着戴。

Yǐhòu nín kěyǐ mǎi pí de shǒubiǎodài huàn zhe dài.

시계 유리는 사파이어 크리스탈과 미네랄 글라스가 있습니다.

表蒙有蓝宝石、水晶和矿物质玻璃。

Biǎoméng yǒu lánbǎoshí, shuǐjīng hé kuàngwùzhì bōli.

사이즈 조절 가능합니다.

可以调整大小。

Kěyǐ tiáozhěng dàxiǎo.

이 시계는 100m 방수 기능과 스톱워치 기능이 있습니다.

这款手表具有100米防水和秒表的功能。

Zhè kuǎn shǒubiǎo jùyǒu yìbǎi mǐ fángshuǐ hé miǎobiǎo de gōngnéng.

기계식 시계는 일일 오차가 15초 정도입니다.

机械手表每天的误差在15秒左右。

Jīxiè shǒubiǎo měitiān de wùchā zài shíwǔ miǎo zuǒyòu.

이 시계는 스위스에서 제작되었습니다. 방수 기능과 스톱워치 기능이 있습니다.

这只手表是瑞士产的，可以防水，还有秒表功能。

Zhè zhī shǒubiǎo shì ruìshì chǎn de, kěyǐ fángshuǐ, háiyǒu miǎobiǎo gōngnéng.

오토매틱 시계이므로 무리한 운동 시에는 착용하지 않는 것이 좋습니다.

做剧烈运动的时候最好不要佩戴自动表。

Zuò jùliè yùndòng de shíhòu zuì hǎo búyào pèidài zìdòng biǎo.

이 시계 안에 장식은 다이아몬드로 되어 있습니다.

这款表里面的装饰是钻石的。

Zhè kuǎn biǎo lǐmiàn de zhuāngshì shì zuànshí de.

시계 작동에 영향을 주는 자성을 띄는 기계 옆에는 두지 마세요.

手表不要放在能影响时钟运转的磁性的机器旁边。

Shǒubiǎo búyào fàngzài néng yǐngxiǎng shízhōng yùnzhuàn de cíxìng de jīqì pángbiān.

강한 자성을 띄는 컴퓨터, 냉장고, 아이패드, 전자레인지 같은 제품과 시계를 함께 두지 마세요. 시계 작동에 영향을 미칠 수 있습니다.

不要把具有强烈磁性的电脑，冰箱，平板电脑，微波炉等产品和手表放在一起。可能会影响时钟的运转。

Búyào bǎ jùyǒu qiángliè cíxìng de diànnǎo, bīngxiāng, píngbǎn diànnǎo, wēibōlú děng chǎnpǐn hé shǒubiǎo fàngzài yìqǐ. Kěnéng huì yǐngxiǎng shízhōng de yùnzhuàn.

오토매틱 시계는 착용을 안 하면 정지됩니다. 이 시계의 파워리저브는 60시간입니다.

自动机械式手表不戴会停止。这个表的能量储备是60小时。

Zìdòng jīxièshì shǒubiǎo búdài huì tíngzhǐ. Zhège biǎo de néngliàng chǔbèi shì liùshí xiǎoshí.

시계 미착용 시 스스로 시계가 작동하는 시간을 가리킵니다.

是指未佩戴手表时独自启动手表的时间。

Shì zhǐ wèi pèidài shǒubiǎo shí dúzì qǐdòng shǒubiǎo de shíjiān.

고급시계에서는 파워리저브의 시간의 길고 짧음에 따라 그 시계의 우수성을 나타냅니다.

高级手表可根据时间长短显示手表的优越性。

Gāojí shǒubiǎo kě gēnjù shíjiān chángduǎn xiǎnshì shǒubiǎo de yōuyuèxìng.

이 시계는 생활 방수가 됩니다.

这个表可以生活防水。

Zhège biǎo kěyǐ shēnghuó fángshuǐ.

이 모델의 시계는 바다에서 다이빙할 때 착용할 수 있을 만큼 방수성이 우수합니다.

这款手表防水性极佳，可以在海上跳水时佩戴。

Zhè kuǎn shǒubiǎo fángshuǐ xìng jíjiā, kěyǐ zài hǎishang tiàoshuǐ shí pèidài.

이 시계는 세계 어디서나 공식대리점에서 A/S보증을 받을 수 있습니다.

此手表在世界任何地方都可以得到官方代理商的售后服务保证。

Cǐ shǒubiǎo zài shìjiè rènhé dìfāng dōu kěyǐ dédào guānfāng dàilǐshāng de shòuhòu fúwù bǎozhèng.

다른 브랜드의 시계보다 정확성이 아주 뛰어납니다.

比其他牌子的表更准确。

Bǐ qítā páizi de biǎo gèng zhǔnquè.

시간을 맞추는 순서를 알려드리겠습니다.

告诉您对表的顺序。

Gàosù nín duìbiǎo de shùnxù.

시간을 맞추시려면 먼저 크라운을 1단계로 맞춰 시계를 5시 30분에 맞추세요.

如果你想准时，首先把表冠拔出第一档，把表调成5点30分。

Rúguǒ nǐ xiǎng zhǔn shí, shǒuxiān bǎ biǎoguān bá chū dì yī dàng, bǎ biǎo tiáo chéng wǔ diǎn sānshí fēn.

이 크라운(Crown)을 2단계로 하시면 날짜창을 조절하실 수 있습니다.

把这个皇冠拔到第二档的话，可以调整日期窗口。

Bǎ zhège huángguān bá dào dì'èr dàng dehuà, kěyǐ tiáozhěng rìqī chuāngkǒu.

시계 작동에 영향을 주는 자성을 띄는 기계 옆에는 두지 마세요.

不要放在能影响时钟运转的磁性的机器旁边。

Búyào fàngzài néng yǐngxiǎng shízhōng yùnzhuàn de cíxìng de jīqì pángbiān.

플러스 어휘 | 补充单词

■ 시계 브랜드명

☐ 태그호이어(Tag Heuer)	泰格豪雅	Tàigé háoyǎ
☐ 롤렉스(Rolex)	百劳力士	Láolìshì
☐ 파텍 필립(Patek Pailippe)	百达翡丽	Bǎidáfěilì
☐ 제니스(Zenith)	真力时	Zhēnlìshí
☐ IWC	万国	Wànguó
☐ 스와치(swatch)	斯沃琪	Sīwòqí
☐ 오메가(Omega)	欧米茄	Ōumǐjiā
☐ 쇼파드(Chopard)	萧邦	Xiāobāng
☐ 시티즌(Citizen)	西铁城	Xītiěchéng
☐ 까르띠에(Cartier)	卡地亚	Kǎdìyà
☐ 피아제(Piaget)	伯爵	Bójué
☐ 바세론 콘스탄틴(Vachron Constantin) 江诗丹顿		Jiāngshīdāndùn
☐ 예거 르쿨트르(Jager LeCoutre)	积家	Jījiā
☐ 보메&메르시에(Baume&Mercier)	档表名士	Dàngbiāo Míngshì
☐ 티쏘(Tissol)	天梭	Tiānsuō
☐ 블랑팡(Blancpain)	宝珀	Bǎopò

- ☐ 브레게(Breguet)　　　宝玑　　　Bǎojī
- ☐ 브라이틀링(Breitling)　　百年灵　　Bǎiniánlíng
- ☐ 위블로(Hublot)　　　　宇舶　　　Yǔbó

플러스 어휘 | 补充单词

■ 시계 부품 명칭

☐ 스마트 시계	智能手表	zhìnéng shǒubiǎo
☐ 기계식 무브먼트(movement)	机械式机芯	jīxièshì jīxīn
☐ 쿼츠 무브먼트(movement)	石英机芯	shíyīng jīxīn
☐ 스톱워치(stop watch)	秒表	miǎobiǎo
☐ 전자시계	电子手表	diànzǐ shǒubiǎo
☐ 방수	防水	fángshuǐ
☐ 크라운(crown)	表冠	biǎoguàn
☐ 버클(buckle)	带扣	dàikòu
☐ (시계) 케이스	手表盒	shǒubiǎo hé
☐ 소재	材质	cáizhì
☐ 착용감	佩戴感	pèidài gǎn
☐ 세라믹	陶瓷	táocí
☐ 티타늄 합금	钛合金	tàihéjīn
☐ 시계 유리	表蒙(子)	biǎoméng(zi)
☐ 유리, 글라스(glass)	玻璃	bōli
☐ 배터리	屯池	diànchí
☐ 자동	自动	zìdòng
☐ 수동	手动	shǒudòng

☐ 무상보증	免费保修	miǎnfèi bǎoxiū
☐ 시계 명칭	手表名称	shǒubiǎo míngchēng
☐ 시계 다이얼	表盘	biǎopán
☐ 시계 베젤(bezel)	表圈	biǎoquān
☐ 파워리저브(Power reserve)	动力装置	dònglìzhuāngzhì
☐ 자동 와인딩 무브먼트	自动弦机芯	zìdòng xiánjīxīn
☐ 조절 가능한 버클	可调式扣带	kědiàoshì kòudài
☐ 내구성	耐久性	nàijiǔxìng
☐ 충격방지	抗冲击	kàngchōngjī
☐ 크로노미터(Chronometer)	精密记时表	jīngmì jìshíbiǎo

📑 **연습문제 | 练习题**

1. 괄호 안에 들어갈 단어를 보기에서 고르세요.

> [보기]　调整　　作为　　售后　　又~又　　多久

1) 我想购买男女手表(　　　　)礼物。

2) 保修期是(　　　　)?

3) (　　　　)薄(　　　　)轻。

4) 手表的(　　　　)服务怎么样?

5) 给您(　　　　)一下手表表带的长度。

2. 아래 한국어 문장을 중국어로 번역하세요.

1) 새로 나온 모델로 보여 드리겠습니다.

_____

2) 이 오메가 시계는 자기장에도 견딜 수 있는 강력한 항자성(抗磁性) 무브먼트가 장착되어 있습니다.

_____

_____

3) 정확성과 성능에 있어서 최고입니다.

_____

4) 이 시계는 오토매틱 시계라 착용을 안 하면 정지됩니다.

_____

5) 이 시계의 파워리저브는 60시간입니다.

_____

6) 파워리저브는 시계를 착용하지 않을 때 혼자 시계가 작동하는 시간을 말합니다.

_____

7) 시계 부품은 스위스 제품입니다.

_____

8) 오메가 시계는 품질보증 기간이 5년입니다.

_____

9) 시곗줄(스트랩)을 바꾸어 끼면 색다른 분위기를 연출할 수 있습니다.

_____

10) 시계의 AS는 어떻게 되나요?

_____

정답 | 正确答案

1. 1) 作为
   2) 多久
   3) 又，又
   4) 售后
   5) 调整

2. 1) 给您看看新出的款式。
   2) 这款欧米茄手表配有可抵抗磁场的强力抗磁性机芯。
   3) 在准确性和性能上是最佳的。
   4) 这个表是自动机械表，不戴就会停止。
   5) 这个表的能量储备是60小时。
   6) 能量储备是指不戴手表时，手表独自运转的时间。
   7) 手表的零件是瑞士生产的。
   8) 欧米茄手表的保修期为5年。
   9) 通过更换表带可展现不同风格。
   10) 手表的售后服务怎么样?

면세점 이야기

■ 바젤 시계 · 보석 박람회(Baselworld)

　스위스는 시계 산업으로 유명한 나라다. 스위스에서 생산하는 시계의 거의 대부분
은 수출되는데, 최고급 품질, 디자인, 재질로 세계 1위의 시계 산업을 이끌고 있다.
16세기 중반, 종교 개혁가인 칼뱅(Jean Calvin)이 액세서리 착용을 금지하면서 많
은 금 세공업자들이 시계 산업으로 눈을 돌리면서 시계 제작자(Watch Maker)가
탄생하게 되었다고 한다. 스위스는 "Swiss Made"가 하나의 브랜드가 되면서 스
위스의 국가 경쟁력을 키우고 있다. 스위스 메이드 시계는 안에 무브먼트가 스위스
에서 만든 것이고, 스위스에서 조립했고, 스위스의 시계 제작자에게 최종적으로 검

수를 통과된 것만이 스위스 메이드 시계로 인정되며 이는 스위스 법으로도 정해져 있다.

매년 스위스에서는 시계·보석 전시회인 바젤월드(Baselworld)와 WWG(watch &Wonders Geneva, 워치&원더즈 제네바) 시계전시회가 열리고 있다. 바젤월드에는 오메가(Omega), 롤렉스(Rolex), 스와치(Swatch), 쇼파드(Chopard), 파텍필립(Patek Philippe) 등의 세계 명품 시계가 참여하고, 워치&원더즈 제네바에는 까르띠에(Cartier)로 유명한 리치몬트 그룹이 주최하는 박람회이다.

시계는 움직이는 동력에 따라 배터리 사용하는 쿼츠 시계(The Quartz Watch), 기계식으로 태엽을 감아 동력을 삼는 오토매틱 시계로 나뉜다. 스마트 워치(smart watch)가 인기를 끌면서 명품 브랜드에서도 스마트 워치를 선보이고 있다.

lug(러그)
시계케이스와 시곗줄을 연결하는 다리의 역할을 하며 시곗줄 사이즈를 확인할 때 러그 사이의 간격을 사용한다.

bracelet(브레이슬릿)
시곗줄을 뜻하며 가죽줄(leather strap), 메탈줄 (metal bracelet), 고무밴드(rubber strap)로 구분한다.

index(인덱스)
다이얼판에 표시된 숫자나 막대표시로 1-12시를 표시한 것

crown(크라운)
용두라고 하며 태엽을 감거나 시간을 맞추는 역할을 한다.

hands(핸즈)
시곗바늘을 뜻한다.

bazel(베젤)
시계케이스의 윗면을 표시한다.

calendar(캘린더)
일, 월, 요일 별도의 다이얼판으로 표기한다.

[그림] 시계 각 부분 명칭과 역할

第13课

珠宝饰品

액세서리

단어 | 生词

☐ 饰品	shìpǐn	장신구, 액세서리
☐ 收	shōu	받다, 접수하다
☐ 性别	xìngbié	성별
☐ 年龄	niánlíng	연령, 나이
☐ 相当于	xiāngdāng yú	…와 같다, …에 맞먹다, …에 상당하다
☐ 诞生石	dànshēngshí	탄생석
☐ 吊坠	diàozhuì	펜던트
☐ 十二生肖	shí'èr shēngxiāo	12간지
☐ 属兔	shǔtù	토끼띠
☐ 项链	xiàngliàn	목걸이
☐ 手链	shǒuliàn	팔찌
☐ 过敏	guòmǐn	알레르기(allergy)
☐ 镀	dù	도금, 도금하다
☐ 18K金	shíbā K jīn	18금
☐ 不必	búbì	…할 필요가 없다, …할 것까지는 없다
☐ 穿	chuān	(구멍을) 뚫다, 입다, 신다
☐ 耳洞	ěrdòng	피어싱, 귀에 뚫은 구멍
☐ 经典	jīngdiǎn	경전, 고전
☐ 设计	shèjì	설계(하다), 디자인(하다)

□ 华丽   huálì   화려하다

□ 戴   dài   착용하다, 쓰다. 이다

□ 任何   rènhé   어떠한 (…라도)

□ 搭配   dāpèi   배합하다, 조합하다, 어울리다

□ 轻松   qīngsōng   가볍다, 수월하다, 홀가분하다

□ 珠宝   zhūbǎo   진주 · 보석류의 장식물

□ 耳环   ěrhuán   귀고리

□ 套盒   tàohé   세트, 찬합식으로 된 그릇

□ 理想   lǐxiǎng   이상, 이상적이다

💬 회화 | 会话

顾客: 我想买个饰品礼物。
Wǒ xiǎng mǎi ge shìpǐn lǐwù.

店员: 请问，收礼物的人的性别和年龄是多少?
Qǐngwèn, shōu lǐwù de rén de xìngbié hé niánlíng shì duōshǎo?

顾客: 30多岁的女性。
Sānshí duō suì de nǚxìng.

店员: 您打算将其作为生日礼物吗?
Nín dǎsuàn jiāng qí zuòwéi shēngrì lǐwù ma?

顾客: 是的。
Shì de.

店员: 那么，既有代表生日的诞生石吊坠，也有十二生肖吊坠。
Nàme, jìyǒu dàibiǎo shēngrì de dànshēngshí diàozhuì, yě yǒu shí'èr shēngxiāo diàozhuì.

顾客: 请给我看看属兔用的吊坠。
Qǐng gěi wǒ kànkan shǔ tù yòng de diàozhuì.

店员: 如果给这个吊坠选择一条项链和手链作为礼物的话，一定会很喜欢的。
Rúguǒ gěi zhège diàozhuì xuǎnzé yìtiáo xiàngliàn hé shǒuliàn zuòwéi lǐwù dehuà, yídìng huì hěn xǐhuān de.

顾客：我有点担心，因为她过敏。
Wǒ yǒudiǎn dānxīn, yīnwèi tā guòmǐn.

店员：这款项链和手链以及吊坠均镀有18K金，因此您不必担心过敏。
Zhè kuǎn xiàngliàn hé shǒuliàn yǐjí diàozhuì jūn dù yǒu shíbā K jīn,
yīncǐ nín búbì dānxīn guòmǐn.

顾客：啊，是这样啊，那您给我看看这耳环。
A, shì zhèyàng a, nà nín gěi wǒ kànkan zhè ěrhuán.

店员：请问她穿耳洞了吗？
Qǐng wèn tā chuān ěrdòng le ma?

顾客：穿耳洞了。
Chuān ěrdòng le.

店员：这是一款设计简单经典的耳环。虽然看起来华丽，但您每天都可以戴着它，它既能与任何衣服搭配，又可以很轻松地将其与各种珠宝搭配。
Zhè shì yì kuǎn shèjì jiǎndān jīngdiǎn de ěrhuán. Suīrán kàn qǐlái huálì, dàn nín měitiān dōu kěyǐ dài zhe tā, tā jì néng yǔ rènhé yīfú dāpèi, yòu kěyǐ hěn qīngsōng de jiāng qí yǔ gèzhǒng zhūbǎo dāpèi.

顾客：我要耳环和项链的套盒。
Wǒ yào ěrhuán hé xiàngliàn de tàohé.

店员：是作为礼物非常理想的产品。
Shì zuòwéi lǐwù fēicháng lǐxiǎng de chǎnpǐn.

📝 본문해석 | 课文翻译

고객 : 선물용 액세서리를 구매하고 싶습니다.

직원 : 선물 받으실 분의 성별과 연령대가 어떻게 되십니까?

고객 : 30대 초반 여성입니다.

직원 : 혹시 생일선물을 하실 예정이십니까?

고객 : 네, 그렇습니다.

직원 : 그러시다면, 생일에 해당하는 탄생석 펜던트도 있고, 12간지 펜던트도 있습니다.

고객 : 토끼띠 펜던트로 보여주세요.

직원 : 알겠습니다. 이 펜던트에 목걸이 줄과 팔찌 줄을 선택하셔서 선물로 드리면 아주 좋아하실 겁니다.

고객 : 알레르기가 있어서 약간 걱정됩니다.

직원 : 이 목걸이와 팔찌 줄, 그리고 펜던트는 18K 골드로 도금이 되어 있어 알레르기 걱정은 안 하셔도 됩니다.

고객 : 그렇군요. 그럼 이 귀걸이도 보여주세요.

직원 : 혹시 귀를 뚫으셨나요?

고객 : 뚫었어요.

직원 : 이 제품은 심플하고 클래식한 디자인의 귀걸이입니다. 화려해 보이지만 매일 착용하실 수 있습니다. 어떤 옷에도 무난하게 잘 어울릴 뿐 아니라, 다양한 주얼리와도 손쉽게 매치하실 수 있거든요.

고객 : 그럼 귀걸이와 목걸이로 한 세트 하겠습니다.

직원 : 네, 선물로 아주 이상적인 제품입니다.

플러스 문장 | 补充文章

이 제품은 순금입니다.

这款产品是纯金的。

Zhè kuǎn chǎnpǐn shì chúnjīn de.

이 상품은 12간지의 팬던트로 구성되었습니다.

这款产品是由十二生肖吊坠组成的。

Zhè kuǎn chǎnpǐn shì yóu shí'èr shēngxiào diàozhuì zǔchéng de.

쥐띠부터 돼지띠까지 해당하는 동물 참(Charm)을 선택하시면 됩니다.

您可以从鼠年到猪年中选择适当的生肖种类。

Nín kěyǐ cóng shǔnián dào zhūnián zhōng xuǎnzé shìdàng de shēngxiào zhǒnglèi.

* 참(Charm): 행운의 상징으로 목걸이나 팔찌 따위에 매다는 장식

예물용으로도 좋습니다.

也适合做定情信物。

Yě shìhé zuò dìngqíng xìnwù.

남녀 커플용으로 사용하셔도 디자인이 무난합니다.

即使作为情侣款使用，设计也很不错。

Jíshǐ zuòwéi qínglǚ kuǎn shǐyòng, shèjì yě hěn búcuò.

목걸이 줄과 팔찌 줄은 선택하실 수 있습니다.

您可以选择项链和手链。

Nín kěyǐ xuǎnzé xiàngliàn hé shǒuliàn.

한국 한정판 참(charm) 에디션입니다.

这是韩国限量款。

Zhè shì hánguó xiànliàng kuǎn.

이 펜던트는 로즈골드로 도금(플레이팅)을 처리해서 고급스럽게 보입니다.

这款吊坠用玫瑰金镀金处理，看起来档次很高。

Zhè kuǎn diàozhuì yòng méiguī jīn dùjīn chǔlǐ, kànqǐlái dàngcì hěn gāo.

이 펜던트를 목걸이나 팔찌 줄과 함께 다양하게 연출하실 수 있습니다.

这款吊坠可以与项链或手链搭配使用。

Zhè kuǎn diàozhuì kěyǐ yǔ xiàngliàn huò shǒuliàn dāpèi shǐyòng.

선물로 아주 이상적인 제품입니다.

是作为礼物非常理想的产品。

Shì zuòwéi lǐwù fēicháng lǐxiǎng de chǎnpǐn.

12

플러스 어휘 | 补充单词

■ 보석 종류(宝石种类)

☐ 진주	珍珠	zhēnzhū
☐ 다이아몬드	钻石	zuànshí
☐ 크리스털	水晶	shuǐjīng
☐ 인조 루비	人造红宝石	rénzào hóngbǎoshí
☐ 자수정	紫水晶	zǐshuǐjīng
☐ 옥	玉	yù
☐ 오팔	猫眼石	māoyǎnshí
☐ 오닉스	缟玛瑙	gǎomǎnǎo
☐ 원석	宝石原石	bǎoshí yuánshí
☐ 사파이어	蓝宝石	lánbǎoshí
☐ 큐빅	人造宝石	rénzào bǎoshí
☐ 에메랄드	绿宝石	lǜbǎoshí
☐ 터키석	绿松石	lǜsōngshí
☐ 산호	珊瑚	shānhú
☐ 토파즈	黄玉	huángyù
☐ 도금	镀金	dùjīn
☐ 24K 골드	24K金	èrshísì K jīn

☐ 화이트골드	白金	báijīn
☐ 순금 제품	纯金产品	chúnjīn chǎnpǐn
☐ 순은 제품	纯银产品	chúnyín chǎnpǐn
☐ 골드 펜던트	黄金吊坠	huángjīn diàozhuì
☐ 참(Charm)	小饰物	xiǎo shìwù
☐ 12간지 에디션	十二生肖版	shíèr shēngxiào bǎn
☐ 골드 플레이팅(gold plating), 골드 도금	镀金	dùjīn
☐ 로듐 플레이팅(rhodium plating), 로듐 도금	镀铑	dùlǎo
☐ 커팅(Cutting)	切削	qiēxiāo
☐ 귀걸이	耳环	ěrhuán
☐ 목걸이	项链	xiàngliàn
☐ 반지	戒指	jièzhǐ
☐ 팔찌	手链	shǒuliàn
☐ 커플	情侣	qínglǚ
☐ 변색	变色	biànsè
☐ 원터치	单环式/一键式	dānhuán shì/yíjiàn shì

플러스 어휘 | 补充单词

■ 월별 탄생석

1월 가넷	石榴石	shíliúshí
2월 자수정	紫水晶	zǐshuǐjīng
3월 아콰마린	海蓝宝石	hǎilán bǎoshí
4월 다이아몬드	钻石	zuànshí
5월 에메랄드	祖母绿	zǔmǔlù
6월 진주	珍珠	zhēnzhū
7월 루비	红宝石	hóngbǎoshí
8월 페리도트	橄榄石	gǎnlǎnshí
9월 사파이어	蓝宝石	lánbǎoshí
10월 오팔	猫眼石	māoyǎnshí
11월 토파즈	黄玉	huángyù
12월 터키석	绿松石	lùsōngshí

연습문제 | 练习题

1. 괄호 안에 들어갈 단어를 보기에서 고르세요.

> [보기]　生肖　　项链　　多　　过敏　　饰品

1) 30(　　　　)岁的女性。

2) 既有代表生日的诞生石吊坠，也有十二(　　　　)吊坠。

3) 我有点担心，因为我(　　　　)。

4) 我想买个(　　　　)礼物。

5) 我要耳环和(　　　　)的套盒。

2. 아래 한국어 문장을 중국어로 번역하세요.

1) 선물 받으실 분의 성별과 연령대가 어떻게 되십니까?

_____

2) 혹시 생일선물을 하실 예정이십니까?

_____

3) 토끼띠 펜던트로 보여주세요.

_____

4) 이 펜던트에 목걸이 줄과 팔찌 줄을 선택하셔서 선물로 드리면 아주 좋아하
실 겁니다.

_____

_____

5) 이 목걸이와 팔찌 줄, 그리고 펜던트는 18K 골드로 도금이 되어 있어 알레
르기 걱정은 안 하셔도 됩니다.

_____

_____

6) 그럼 이 귀걸이도 보여주세요.

_____

7) 혹시 귀를 뚫으셨나요?

_____

8) 이 제품은 심플하고 클래식한 디자인의 귀걸이입니다.

_____

9) 어떤 옷에도 무난하게 잘 어울릴 뿐 아니라, 다양한 주얼리와도 손쉽게 매치
하실 수 있습니다.

_____

_____

10) 선물로 아주 이상적인 제품입니다.

_____

정답 | 正确答案

1. 1) 多
   2) 生肖
   3) 过敏
   4) 饰品
   5) 项链

2. 1) 请问，收礼物的人的性别和年龄是多少？
   2) 您打算将其作为生日礼物吗？
   3) 请给我看看属兔用的吊坠。
   4) 如果给这个吊坠选择一条项链和手链作为礼物的话，一定会很喜欢的。
   5) 这款项链和手链以及吊坠均镀有18K金，因此您不必担心过敏。
   6) 那您给我看看这耳环。
   7) 请问您穿耳洞了吗？
   8) 这是一款设计简单经典的耳环。
   9) 它既能与任何衣服搭配，又可以很轻松地将其与各种珠宝搭配。
   10) 作为礼物非常理想的产品。

면세점 이야기

■ 지방시(GIVENCHY)

GIVENCHY

1) 역사

지방시(GIVENCHY)는 1952년 파리에서 위베르 드 지방시(Hubert de Givenchy)에 의해 설립된 패션 하우스다. 지방시는 당시 고위층에게 어필할 수 있었던 매혹적인 맞춤복 드레스 덕분에 프랑스 전역에서 유명세를 떨치게 되었다. 경력 초반부터 주목받던 지방시는 유명배우 오드리 햅번(Audrey Hepburn)이 '티파니에서 아침을' 등의 유명 영화에서 지방시 드레스를 입고 나와 크게 유행시키면서, 패션사에서는 브랜드 앰배서더(ambassador)라는 개념을 정착시켰다.

1988년, 지방시는 명품 그룹 모엣 헤네시 · 루이비통(LVMH Moët Hennessy · Louis VuittonS.A.)에 인수되었다. 1995년, 지방시의 은퇴 이후 존 갈리아노, 알렉산더 맥퀸 등의 디자이너를 거쳐 2005년부터 총괄 디자이너에 오른 리카르도 티시(Riccardo Tischi)에 의해 제2의 전성기를 맞이하게 된다. 12년간 리카르도 티시의 재임기간이 끝나고 클로이(Chloe)의 디자이너를 맡았던 클레어 웨이트 켈러(Claire Waight Keller)가 브랜드를 맡게 된다.

2) 특징

초반의 지방시는 공격적이고 과시적인 디자인보다 우아하고 세련된 디자인을 추구했으며 각종 드레스로 여성복 전문 브랜드의 기반을 다졌다. 1968년에 시작된 지방시의 남성복 라인은 여성복보다는 비교적 주목을 덜 받았으나, 2005년 리카르도 티시의 부임 이후 지방시는 단숨에 남성들에게도 선호도가 굉장히 높은 브랜드로 자리 잡게 되었다.

2010년대를 강타했던 검은색 바탕에 프린트를 강조한 디자인은 리카르도 티시의 대표적인 작품이며, 어두우면서 스포티한 느낌으로 재해석한 지방시의 감성은 여전히 지방시 하면 떠오르는 대표적인 디자인 중 하나가 되었다.

3) 최근 행보

2017년에서 2020년까지 브랜드를 이끌었던 클레어 웨이트 켈러가 떠난 이후, 6월에 스트리트웨어 브랜드 1017 ALYX 9SM의 미국인 디자이너 매튜 윌리엄스 (Matthew M. Williams)가 수석 디자이너로 부임했다.

스포티하고 트렌디한 디자인으로 리카르도 티시가 2010년대 지방시 제2의 전성기를 이끌었던 것처럼, 매튜 윌리엄스의 스트리트웨어의 감성이 지방시의 디자인에 어떻게 접목될지 업계의 주목이 쏠리고 있다.

第14课

太阳镜

선글라스

단어 | 生词

☐	墨镜	mòjìng	선글라스(sunglass)
☐	采用	cǎiyòng	채택하다, 사용하다
☐	偏光	piānguāng	편광
☐	镜片	jìngpiàn	렌즈(Lens)
☐	戴	dài	착용하다, 쓰다
☐	方形	fāngxíng	사각형, 정방형
☐	别扭	bièniǔ	어색하다, 거북하다
☐	脸型	liǎnxíng	얼굴형
☐	般配	bānpèi	어울리다
☐	款式	kuǎnshì	디자인
☐	亚洲	yàzhōu	아시아
☐	亚洲款	yàzhōukuǎn	아시안 핏(Asian Fit)
☐	佩戴	pèidài	몸에 달다
☐	舒适	shūshì	기분이 좋다, 쾌적하다, 편하다
☐	鼻垫	bídiàn	코 패드
☐	滑	huá	미끄러지다, 미끄럽다
☐	全智贤	quánzhìxián	(배우) 전지현
☐	人气	rénqì	인기
☐	墨镜盒	mòjìng hé	선글라스 케이스

☐ 盒子　　　　hézi　　　　　　케이스

☐ 另外　　　　lìngwài　　　　　별도의, 그 밖에, 따로

☐ 保修卡　　　bǎoxiūkǎ　　　　수리보증서, 보증 카드

☐ 异常　　　　yìcháng　　　　　이상하다, 심상치 않다

☐ 总公司　　　zǒnggōngsī　　　본사(本社)

☐ 售后服务中心　　　　shòuhòu fúwù zhōngxīn
　　　　　　　　　　　　애프터서비스 센터

☐ 太阳镜　　　tàiyángjìng　　　선글라스(sunglass)

☐ 全新　　　　quánxīn　　　　　완전히 새롭다

회화 | 会话

顾客 : 我想试试这个墨镜。
Wǒ xiǎng shìshi zhège mòjìng.

店员 : 这种墨镜采用偏光镜片，所以防紫外线效果很好。
Zhèzhǒng mòjìng cǎiyòng piānguāng jìngpiàn, suǒyǐ fáng zǐwàixiàn xiàoguǒ hěn hǎo.

顾客 : 第一次戴这样的方形眼镜，感觉有一点别扭。
Dìyīcì dài zhèyàng de fāngxíng yǎnjìng, gǎnjué yǒu yìdiǎn bièniǔ.

店员 : 您试一下吧。
Nín shì yíxià ba.

(使用后)
(shǐyòng hòu)

店员 : 和您的脸型很般配。
Hé nín de liǎnxíng hěn bānpèi.

顾客 : 这是最近流行的款式吗？
Zhè shì zuìjìn liúxíng de kuǎnshì ma?

店员 : 对。此款是专为亚洲人设计的亚洲款(Asian Fit)，佩戴舒适。因为有一个鼻垫，也不会滑下来。
Duì. Cǐkuǎn shì zhuān wèi yàzhōu rén shèjì de yàzhōukuǎn, pèidài shūshì. Yīnwèi yǒu yíge bídiàn, yě búhuì huá xiàlái.

顾客：我还想试一下别的款式。
Wǒ hái xiǎng shì yíxià biéde kuǎnshì.

店员：这个款式怎么样？这款墨镜全智贤在电视剧里有戴过，所以现在人气很高。墨镜盒也非常高档。
Zhège kuǎnshì zěnmeyàng? Zhè kuǎn mòjìng quánzhìxián zài diànshìjù li yǒu dàiguò, suǒyǐ xiànzài rénqì hěn gāo. Mòjìng hé yě fēicháng gāodàng.

顾客：盒子也很漂亮。盒子可以再给我一个吗？
Hézi yě hěn piàoliàng. Hézi kěyǐ zài gěi wǒ yíge ma?

店员：这个墨镜盒不能附赠给您。如果需要的话，需要您另外购买。
Zhège mòjìng hé bùnéng fùzèng gěi nín. Rúguǒ xūyào dehuà, xūyào nín lìngwài gòumǎi.

顾客：在哪里可以得到商品的售后服务？
Zài nǎlǐ kěyǐ dédào shāngpǐn de shòuhòu fúwù?

店员：墨镜盒内附有保修卡，产品如有异常，请与总公司售后服务中心联系。如果戴上墨镜后脸上有不适合的地方的话，请随时来卖场。到卖场来的话，将为您提供试戴服务。
Mòjìng hé nèi fùyǒu bǎoxiūkǎ, chǎnpǐn rú yǒu yìcháng, qǐng yǔ zǒng gōngsī shòuhòu fúwù zhōngxīn liánxì. Rúguǒ dàishang mòjìng hòu liǎnshang yǒu bú shìhé de dìfang dehuà, qǐng suíshí lái màichǎng. Dào màichǎng lái dehuà, jiāng wèi nín tígōng shìdài fúwù.

顾客：谢谢。
Xièxiè.

店员：这个墨镜是最后一个商品。您在提货处领取的太阳镜，我们会给您一个全新的产品。
Zhège mòjìng shì zuì hòu yíge shāngpǐn. Nín zài tíhuòchù lǐngqǔ de tàiyángjìng, wǒmen huì gěi nín yíge quánxīn de chǎnpǐn.

본문해석 | 课文翻译

고객 : 이 선글라스 한번 착용해 보고 싶습니다.

직원 : 이 선글라스는 편광 렌즈로 되어 있어 UV차단 효과가 뛰어납니다.

고객 : 사각 렌즈는 처음 껴봐서 좀 어색한데요.

직원 : 한번 착용해 보세요.

(착용 후)

직원 : 고객님의 얼굴형과 잘 어울리는데요.

고객 : 이게 요즘 유행하는 디자인인가요?

직원 : 맞습니다. 이 모델은 아시아인들을 위한 아시안 핏(Asian Fit)으로 나와서 착용감이 좋습니다. 코 패드가 있어서 흘러내리지도 않고요.

고객 : 다른 디자인도 착용해 보고 싶어요.

직원 : 이 디자인은 어떠세요? 이 선글라스는 전지현 씨가 드라마에 착용하고 나와서 지금 많은 인기를 끌고 있는 모델입니다. 선글라스 케이스도 아주 고급스럽게 나왔습니다.

고객 : 케이스도 멋지네요. 케이스를 하나 더 주실 수 있나요?

직원 : 선글라스 케이스는 추가로 드릴 수는 없습니다. 필요하시면 별도로 구매하셔야 합니다.

고객 : 상품의 A/S는 어디서 받을 수 있나요?

직원 : 선글라스 케이스 안에 보증 카드가 동봉되어 있으니, 제품에 이상이 있으시면 본사 AS센터에 연락해주세요. 얼굴에 안 맞으실 때는 언제든 매장으로 오시면 됩니다. 매장에서는 피팅 서비스를 해 드립니다.

고객 : 감사합니다.

직원 : 이 선글라스는 마지막 상품입니다. 인도장에서 수령하시는 선글라스는 새 상품으로 보내 드리겠습니다.

13

플러스 문장 | 补充文章

이 모델명은 선글라스 다리 안쪽에 이 선글라스의 모델명이 적혀 있습니다.

这款太阳镜的型号标记在太阳镜镜腿的内侧。

Zhè kuǎn tàiyángjìng de xínghào biāojì zài tàiyángjìng jìngtuǐ de nèicè.

프레임 재질은 무광택의 아세테이트로 되어 있습니다.

镜框架材质是由哑光醋酸纤维制成的。

Jìng kuāngjià cáizhì shì yóu yǎguāng cùsuānxiānwéi zhìchéng de.

얼굴형에 맞춰 드리겠습니다.

我帮您按照您的脸型调整一下。

Wǒ bāng nín ànzhào nín de liǎnxíng tiáozhěng yíxià.

어떤 브랜드를 찾으십니까? 유명 브랜드가 모두 진열되어 있습니다.

您想买什么牌子？ 所有的名牌都在这儿。

Nín xiǎng mǎi shénme páizi? Suǒyǒu de míngpái dōu zài zhèr.

어떤 모양의 선글라스를 찾으십니까?

您想买什么样的太阳镜？

Nín xiǎng mǎi shénmeyàng de tàiyángjìng?

이미 가격 인하가 된 상품입니다.

这已经是降价后的商品了。

Zhè yǐjīng shì jiàngjià hòu de shāngpǐn le.

어린이용 선글라스도 있습니다.

还有儿童用太阳镜。

Háiyǒu értóng yòng tàiyángjìng.

케이스는 별도 구매입니다.

盒子需要单买。

Hézi xūyào dānmǎi.

100% UV(자외선)가 차단됩니다.

具有百分之百的防紫外线效果。

Jùyǒu bǎifēnzhī bǎi de fáng zǐwàixiàn xiàoguǒ.

플러스 어휘 | 补充单词

☐ 스포츠용 선글라스	运动用墨镜	yùndòng yòng mòjìng
☐ 어린이용 선글라스	儿童太阳镜	értóng tàiyángjìng
☐ 렌즈	镜片	jìngpiàn
☐ 편광렌즈(Polarized Lens)	偏光镜片	piānguāng jìngpiàn
☐ 유리	玻璃	bōlí
☐ 착용	配戴	pèidài
☐ 케이스	盒子	hézi
☐ 라운드형	圆形	yuánxíng
☐ 사각	四角	sìjiǎo
☐ 유광	有光	yǒuguāng
☐ 무광	无光	wúguāng
☐ 메탈(Metal)	金属	jīnshǔ
☐ 프레임(Frame, 테)	框架	kuàngjià
☐ 재질	材质	cáizhì
☐ 모델명	型号	xínghào
☐ 템플(temple, 안경다리를 지칭하는 용어)		
	眼镜腿	yǎnjìngtuǐ
☐ 코 패드(코 받침대)	鼻托/鼻垫	bítuō/bídiàn

☐ 안경장식	眼镜装饰	yǎnjìng zhuāngshì
☐ 아세테이트(Acetate)	醋酸纤维	cùsuānxiānwéi
☐ 품질 보증카드	信誉卡	xìnyùkǎ

연습문제 | 练习题

1. 괄호 안에 들어갈 단어를 보기에서 고르세요.

[보기] 保修卡   怎么样   别的   款式   全新

1) 这是最近流行的(   )吗?

2) 我还想试一下(   )款式。

3) 这个款式(   )?

4) 墨镜盒内附有(   ), 产品如有异常, 请与总公司售后服务中心联系。

5) 您在提货处领取的太阳镜, 我们会给您一个(   )的产品。

2. 아래 한국어 문장을 중국어로 번역하세요.

1) 이 선글라스는 편광 렌즈로 되어 있어 UV차단 효과가 뛰어납니다.

_____

2) 사각 렌즈는 처음 껴봐서 좀 어색합니다.

_____

3) 고객님의 얼굴형과 잘 어울립니다.

_____

4) 이 모델은 아시아인들을 위한 아시안 핏(Asian Fit)으로 나와서 착용감이 좋습니다.

_____

_____

5) 코 패드가 있어서 흘러내리지도 않습니다.

_____

6) 이 선글라스는 전지현 씨가 드라마에 착용하고 나와서 지금 많은 인기를 끌고 있는 모델입니다.

_____

_____

7) 선글라스 케이스도 아주 고급스럽게 나왔습니다.

_____

8) 선글라스 케이스는 추가로 드릴 수는 없습니다.

_____

9) 필요하시면 별도로 구매하셔야 합니다.

_____

10) 얼굴에 안 맞으실 때는 언제든 매장으로 오시면 됩니다.

_____

정답 | 正确答案

1. 1) 款式
   2) 别的
   3) 怎么样
   4) 保修卡
   5) 全新

2. 1) 这种墨镜采用偏光镜片，所以防紫外线效果很好。
   2) 第一次戴这样的方形眼镜，感觉有一点别扭。
   3) 和您的脸型很般配。
   4) 此款是为了亚洲人设计的亚洲款(Asian Fit)，佩戴舒适。
   5) 因为有一个鼻垫，也不会滑下来。
   6) 这款墨镜全智贤在电视剧里有戴过，所以现在人气很高。
   7) 墨镜盒也非常高档。
   8) 这个墨镜盒不能附赠给您。
   9) 如果需要的话，需要您另外购买。
   10) 如果戴上墨镜后脸上有不适合的地方的话，请随时来卖场。

면세점 브랜드 이야기

■ 보테가 베네타(BOTTEGA VENETA)

BOTTEGA VENETA

1) 역사

보테가 베네타(BOTTEGA VENETA)는 1966년 이탈리아 베네토주 비첸차(Vicenza)에서 미켈레 타데이(Michele Taddei)와 렌조 젠지아로(Renzo Zengiaro)에 의해 설립되었으며, 이탈리아의 대표적인 패션 브랜드 중 하나다. 특유의 섬세한 가죽 공예 기술 덕분에 이탈리아 내에서 빠르게 인기를 얻었다. 1972년 미국 시장 진출 후 1975년 신발 제작을 시작하였으며, 1998년 밀란 패션 위크에서 처음으로 RTW (Ready-to-wear) 컬렉션을 선보이게 된다. 큰 잠재력을 지닌 브랜드로 판단한 구찌 그룹[現 케어링(KERING) 그룹]은 2001년 보테가 베네타를 인수하고 2001년 독일인 디자이너 토마스 마이어(Tomas Maier)를 영입한다. 이후 17년 동안, 케어링 그룹 밑에서 보테가 베네타는 이탈리아의 대표적인 패션 브랜드 중 하나로 성장하였다.

2) 특징

보테가 베네타는 가죽제품을 전문으로 시작한 브랜드답게, 뛰어난 가죽 공예 기술로 유명하며 가죽을 엮어서 만든 인트레치아토(Intercciato) 패턴이 상징적이다. 디자인적으로 상당히 미니멀하고 깔끔한 편으로, 화려한 패턴 혹은 색채의 사용을 지양하며 브랜드 로고를 강조하는 디자인은 거의 사용되지 않아 '얌전한 럭셔리'라고 평가받기도 한다.

3) 최근 행보

2018년, 케어링 그룹은 셀린느(Celine)에서 경력을 쌓았던 영국 출신의 다니엘 리(Daniel Lee)를 디자이너로 영입하였다. 그는 보테가 베네타 특유의 미니멀한 디자인과 인트레치아토 기술을 창의적으로 재해석하며 호평과 매출을 둘 다 이끌어내어 성공적인 리브랜딩을 이뤘다는 평가를 받고 있다.

〈인트레치아토 패턴 가방〉

디자이너 교체 이후 급격한 매출 성장을 이뤄낸 보테가 베네타는 구찌, 발렌시아가와 함께 케어링의 핵심 브랜드 셋 중 하나로 꼽히며 성장을 지속하는 중이다.

包

가방

✏️ 단어 | 生词

☐	材质	cáizhì	재질
☐	牛皮	niúpí	소가죽
☐	背	bēi	(등에) 짊어지다, 메다
☐	手提包	shǒutíbāo	토트백
☐	单肩包	dānjiānbāo	숄더백
☐	休闲装	xiūxiánzhuāng	캐주얼 복장
☐	正装	zhèngzhuāng	정장
☐	风格	fēnggé	풍격, 스타일
☐	黑色	hēisè	검은색, 블랙
☐	米黄色	mǐhuángsè	베이지색
☐	红色	hóngsè	빨강, 적색
☐	皮革制品	pígé zhìpǐn	가죽 제품
☐	保管	bǎoguǎn	보관하다
☐	通风	tōngfēng	통풍시키다, 환기시키다
☐	良好	liánghǎo	양호하다, 좋다
☐	防尘袋	fángchéndài	더스트백(dust back, 가방이나 신발 따위를 보관할 때 먼지가 앉는 것을 방지하기 위하여 사용하는 천으로 만든 주머니)
☐	旅行箱	lǚxíngxiāng	여행용 가방, 캐리어
☐	铝	lǚ	알루미늄(aluminium, Al)

☐ 硬壳	yìngké	하드커버
☐ 轻便	qīngbiàn	수월하다, 편리하다, 간편하다
☐ 双轮	shuānglún	이륜, 듀얼 바퀴
☐ 移动	yídòng	이동하다
☐ 内部	nèibù	내부
☐ 收纳	shōunà	수납하다

💬 회화 | 会话

顾客：这个包是什么材质的？

Zhège bāo shì shénme cáizhì de?

店员：是牛皮的，今年S/S(春/夏)的新产品。

Shì niúpí de, jīnnián S/S(chūn/xià) de xīn chǎnpǐn.

顾客：我可以背一下吗？

Wǒ kěyǐ bēi yíxià ma?

店员：当然可以。这个包可以当手提包或单肩包，两种都可以。休闲装或正装两种风格都很适合。

Dāngrán kěyǐ. Zhège bāo kěyǐ dāng shǒutíbāo huò dānjiānbāo, liǎng zhǒng dōu kěyǐ. Xiūxiánzhuāng huò zhèngzhuāng liǎng zhǒng fēnggé dōu hěn shìhé.

顾客：有什么颜色呢？

Yǒu shénme yánsè ne?

店员：有黑色，米黄色，红色这三种颜色。

Yǒu hēisè, mǐhuángsè, hóngsè zhè sān zhǒng yánsè.

顾客：我想买米黄色的。请告诉我皮革制品的保管方法。

Wǒ xiǎng mǎi mǐhuángsè de. Qǐng gàosù wǒ pígé zhìpǐn de bǎoguǎn fāngfǎ.

店员：当您不使用时，请在通风良好的地方将其放在防尘袋中保管。

Dāng nín bù shǐyòng shí, qǐng zài tōngfēng liánghǎo de dìfāng jiāng qí fàngzài fángchéndài zhōng bǎoguǎn.

顾客：我还想购买这个旅行箱。
Wǒ hái xiǎng gòumǎi zhège lǚxíngxiāng.

店员：这个旅行箱由铝材质的硬壳构成，非常轻便，外观也很漂亮。
因为由四个双轮组成，所以移动时非常方便。内部也方便收纳。
Zhège lǚxíngxiāng yóu lǚ cáizhì de yìngké gòuchéng, fēicháng
qīngbiàn, wàiguān yě hěn piàoliàng. Yīnwèi yóu sì ge shuānglún
zǔchéng, suǒyǐ yídòng shí fēicháng fāngbiàn. Nèibù yě fāngbiàn
shōunà.

顾客：好的，我很喜欢。这两个我都要买。
Hǎo de, wǒ hěn xǐhuān. Zhè liǎngge wǒ dōu yào mǎi.

店员：好的，谢谢您。购买这个包的话，会赠送收纳袋。
Hǎo de, xièxiè nín. Gòumǎi zhège bāo dehuà, huì zèngsòng shōunàdài.

본문해석 | 课文翻译

고객 : 이 가방의 재질은 무엇입니까?

직원 : 소가죽인데요, 올해 S/S(봄/여름) 신상품입니다.

고객 : 한번 메 봐도 되겠습니까?

직원 : 네, 이 가방은 토트백이나 숄더백으로 둘 다 착용 가능합니다. 캐주얼이나 정장 옷에 둘 다 잘 어울리는 스타일이고요.

고객 : 어떤 색상이 있나요?

직원 : 검정, 베이지, 빨강 이렇게 세 가지 색상이 있습니다.

고객 : 베이지색으로 구매하겠습니다. 가죽 제품 보관 방법도 알려주세요.

직원 : 가죽 제품은 사용하지 않으실 때는 더스트백에 넣어서 통풍이 잘되는 곳에 보관해 주세요.

고객 : 이 여행용 가방도 구매하고 싶습니다.

직원 : 이 여행용 가방은 알루미늄 소재의 하드 케이스로 되어 있어 아주 가볍고 외관도 예쁩니다. 4개의 더블 바퀴로 되어 있어서 이동하실 때 아주 편합니다. 내부도 수납하기 편리하게 구성되어 있습니다.

고객 : 네, 마음에 듭니다. 그럼 두 개 다 구매하겠습니다.

직원 : 네, 감사합니다. 이 가방을 구매하시면 수납 정리용 파우치를 선물로 드립니다.

플러스 문장 | 补充文章

무슨 가죽이에요?

什么皮子的?

Shénme pízi de?

이 가방은 올 봄/여름 신상품입니다.

这款包是今年春/夏的新商品。

Zhè kuǎn bāo shì jīnnián chūn/xià de xīn shāngpǐn.

이 가방은 실용적인 버킷 백 스타일입니다.

这个包是实用的水桶包款式。

Zhège bāo shì shíyòng de shuǐtǒng bāo kuǎnshì.

가벼운 무게감과 넉넉한 수납공간을 갖춘 백입니다.

这是一款重量轻和收纳空间充足的包。

Zhè shì yì kuǎn zhòngliàng qīng hé shōunà kōngjiān chōngzú de bāo.

이 가죽은 에나멜 표면에 스크래치가 나지 않도록 특수 처리되어 있습니다.

这个皮革是经过特殊处理的，可避免在漆皮表面上产生刮痕。

Zhège pígé shì jīngguò tèshū chǔlǐ de, kě bìmiǎn zài qīpí biǎomiàn shang chǎnshēng guāhén.

스트랩을 별도 구입하시면 캐주얼하게 연출하실 수 있습니다.

另外单独购买肩带的话，可以显得很休闲。

Lìngwài dāndú gòumǎi jiāndài dehuà, kěyǐ xiǎnde hěn xiūxián.

이 가방은 노트북과 핸드폰을 넣을 수 있도록 잘 구성되어 있습니다.

这个包的内部空间很好，可以放入笔记本电脑和手机。

Zhège bāo de nèibù kōngjiān hěn hǎo, kěyǐ fàngrù bǐjìběn diànnǎo hé shǒujī.

이 여행용 가방은 잠금 장치가 장착되어 있습니다.

这个旅行箱装有锁。

Zhège lǚxíngxiāng zhuāngyǒu suǒ.

플러스 어휘 | 补充单词

☐ 백팩	背包/双肩包	bēibāo/shuāngjiānbāo
☐ 여권지갑	护照包	hùzhàobāo
☐ 여행가방, 캐리어	行李箱/拉杆箱	
		xínglixiāng/lāgānxiāng
☐ 토트백	手提袋	shǒutídài
☐ 크로스백	斜挎包	xiékuàbāo
☐ 클러치백	手抓包	shǒuzhuābāo
☐ 양가죽	羊皮	yángpí
☐ 송아지 가죽	小牛皮	xiǎoniúpí
☐ 악어가죽	鳄鱼皮	èyúpí
☐ 돼지가죽	猪皮	zhūpí
☐ 인조가죽	人造革	rénzàogé
☐ 내피	内皮	nèipí
☐ 합성피혁(PVC)	合成皮革	héchéng pígé
☐ 페이턴트(Patent) 가죽	漆皮	qīpí
☐ 에나멜(enamel)	漆皮	qīpí

연습문제 | 练习题

1. 괄호 안에 들어갈 단어를 보기에서 고르세요.

> [보기] 材质   锁   赠送   轻便   避免

1) 这个包是什么(   )的?

2) 这个旅行箱由铝材质的硬壳构成, 非常(   )。

3) 购买这个包的话, 会(   )收纳袋。

4) 这个皮革是经过特殊处理的, 可(   )在漆皮表面上产生
   刮痕。

5) 这个旅行箱装有(   )。

2. 아래 한국어 문장을 중국어로 번역하세요.

1) 이 가방의 재질은 무엇입니까?

_____

2) 소가죽인데요, 올해 S/S(봄/여름) 신상품입니다.

_____

3) 한번 메 봐도 되겠습니까?

_____

4) 이 가방은 토트백이나 숄더백으로 둘 다 착용 가능합니다.

_____

5) 캐주얼이나 정장 옷에 둘 다 잘 어울리는 스타일이고요.

_____

6) 검정, 베이지, 빨강 이렇게 세 가지 색상이 있습니다.

_____

7) 가죽 제품 보관 방법도 알려주세요.

_____

8) 가죽 제품은 사용하지 않으실 때는 더스트백에 넣어서 통풍이 잘되는 곳에 보관해 주세요.

_____

9) 4개의 더블 바퀴로 되어 있어서 이동하실 때 아주 편합니다.

_____

10) 내부도 수납하기 편리하게 구성되어 있습니다.

_____

정답 | 正确答案

1. 1) 材质

   2) 轻便

   3) 赠

   4) 避免

   5) 锁

2. 1) 这个包是什么材质的?

   2) 是牛皮的, 今年S/S(春/夏)的新产品。

   3) 我可以背一下吗?

   4) 这个包可以当手提包或单肩包, 两种都可以。

   5) 休闲装或正装两种风格都很适合。

   6) 有黑色、米黄色、红色这三种颜色。

   7) 请告诉我皮革制品的保管方法。

   8) 当您不使用时, 请在通风良好的地方将其放在防尘袋中保管。

   9) 因为由四个双轮组成, 所以移动时非常方便。

   10) 内部也方便收纳。

면세점 브랜드 이야기

■ 펜디(FENDI)

FENDI

1) 역사

펜디(FENDI)는 1925년 로마에서 에두아르도 펜디(Edoardo Fendi)가 모피, 가죽제품을 판매하는 공방으로 시작한 브랜드이다. 최고급 모피를 고집한 그의 세련된 가죽 공예 기술은 이탈리아 내에서 명성이 자자했고, 2대에 걸쳐 가족경영으로 20세기까지 성공적으로 운영되었다. 1965년 향후 샤넬과 펜디를 성공적으로 이끌었다고 평가된 수석 디자이너 칼 라거펠트(Karl Lagerfelt)가 본격적으로 브랜드에 합류하여 모피제품 및 여성복 디자인을 담당하였고, 1994년부터 창업자의 3대 손 실비아 벤투리니 펜디(Sylvia Venturini Fendi)도 디자인 작업에 참여하여 액세서리 및 남성복 디자인을 담당하게 되었다. 장기간 가족경영으로 이어지던 펜디는 2001년 루이비통(Louis Vuitton) 및 디올(Dior)을 소유한 그룹 LVMH에 인수되며 유럽 최대 규모의 럭셔리 그룹의 일원이 되었다.

2) 특징

펜디는 이탈리아 패션 브랜드 중 가장 역사가 긴 브랜드에 속하는 만큼, 고가의 모피 및 가죽 제품에서는 독보적인 전통을 자랑하고 있다. 특히, 고가의 핸드백 제품은 유행과 상관없이 스테디셀러들이 다수 포진되어 있으며, 대표적인 제품으로

現 수석 디자이너 실비아 벤투리니 펜디의 작품인 바게트백(Baguette Bag), 피카부백(Peek-A-Boo Bag)이 있다.

3) 최근 행보

오랜 역사를 자랑하는 브랜드이지만, 휠라(Fila), 젠틀 몬스터(Gentle Monster) 등의 브랜드와 컬래버레이션을 진행한 이력이 있을 정도로 새로운 시도들을 많이 했다고 평가받고 있다. 2020년, 칼 라거펠트가 세상을 떠남에 따라 여성복 디자이너 자리는 같은 LVMH 그룹 내에서 디올 옴므(Dior Homme) 디자이너를 맡고 있는 영국 출신 디자이너 킴 존스(Kim Jones)가 새로 부임하게 되었다.

第16课

时尚服装

패션 의류

단어 | 生词

☐ 收尾季	shōuwěi jì	시즌 오프(season off)
☐ 大衣	dàyī	코트, 외투
☐ 尺寸	chǐcun	(옷 따위의) 치수
☐ 意大利	yìdàlì	이탈리아
☐ 中码	zhōngmǎ	미디엄 사이즈(M)
☐ 码	mǎ	숫자를 나타내는 부호, 길이 단위
☐ 换季商品	huànjì shāngpǐn	간절기 상품
☐ 初冬	chūdōng	초겨울
☐ 更衣室	gēngyīshì	탈의실 (= 试衣间 shìyījiān)
☐ 毛衣	máoyī	스웨터
☐ 针织类	zhēnzhī lèi	니트 세품
☐ 试穿	shìchuān	입어보다
☐ 洗	xǐ	씻다, 세탁하다
☐ 羊绒	yángróng	캐시미어(cashmere)
☐ 羊毛	yángmáo	울(Wool)
☐ 洗涤标签	xǐdí biāoqiān	세탁 라벨

💬 회화 | 会话

店员：欢迎光临。请随意地看看，如果有想要的款式请告诉我。
Huānyíng guānglín. Qǐng suíyì de kànkan, rúguǒ yǒu xiǎng yào de
kuǎnshì qǐng gàosù wǒ.

顾客：有折扣商品吗？
Yǒu zhékòu huànjì shāngpǐn ma?

店员：这次新产品到货了。那边是收尾季商品。
Zhè cì xīn chǎnpǐn dào huò le. Nàbiān shì shōuwěi jì shāngpǐn.

顾客：我想试试这件大衣。
Wǒ xiǎng shìshi zhè jiàn dàyī.

店员：您的尺寸是相当于意大利中码，38码的话应该会合适。
Nín de chǐcun shì xiāngdāngyú yìdàlì zhōngmǎ, sānshíbā mǎ dehuà
yīnggāi huì héshì.

顾客：好的。
Hǎo de.

(试穿后)
(Shìchuān hòu)

店员：很适合您呢。这件大衣是正适合现在穿的换季商品，可以穿
到初冬。
Hěn shìhé nín ne. Zhè jiàn dàyī shì zhèng shìhé xiànzài chuān de
huànjì shāngpǐn, kěyǐ chuān dào chūdōng.

顾客：我挺喜欢的。有其他颜色的吗？
Wǒ tǐng xǐhuān de. Yǒu qítā yánsè de ma?

店员：有黑色和红色两种颜色。
Yǒu hēisè hé hóngsè liǎng zhǒng yánsè.

顾客：也给我看看可以和大衣搭配的毛衣和裙子。
Yě gěi wǒ kànkan kěyǐ hé dàyī dāpèi de máoyī hé qúnzi.

店员：这里有更衣室，穿上后出来看看吧。
Zhèlǐ yǒu gēngyīshì, chuān shàng hòu chūlái kànkan ba.

(试穿后)
(shìchuān hòu)

顾客：挺漂亮的，可好像有点儿大了。
Tǐng piàoliàng de, kě hǎoxiàng yǒudiǎnr dà le.

店员：需要再试一次S码吗？在这儿。
Xūyào zài shì yícì S mǎ ma? Zài zhèr.

顾客：我可以试试这件毛衣吗？
Wǒ kěyǐ shìshi zhè jiàn máoyī ma?

店员：对不起顾客。针织类不能试穿。
Duìbùqǐ gùkè. Zhēnzhī lèi bùnéng shìchuān.

顾客：这件大衣该怎么洗呢？
Zhè jiàn dàyī gāi zěnme xǐ ne?

店员：大衣的材质是10%羊绒和90%羊毛，请务必交给专业洗衣店。
Dàyī de cáizhì shì bǎifēnzhī shí yángróng hé bǎifēnzhī jiǔshí yángmáo, qǐng wùbì jiāogěi zhuānyè xǐyīdiàn.

顾客：好的。
Hǎo de.

店员：大衣里面有洗涤标签，请务必确认。
Dàyī lǐmian yǒu xǐdí biāoqiān, qǐng wùbì quèrèn.

본문해석 | 课文翻译

직원 : 어서 오세요. 천천히 둘러보시고 원하시는 스타일 있으시면 말씀해 주세요.

고객 : 세일 상품도 있나요?

직원 : 네, 이쪽은 신상품이고, 저쪽은 시즌 오프 들어간 상품이 진열되어 있습니다.

고객 : 이 코트 좀 입어 볼 수 있을까요?

직원 : 고객님은 이탈리아 사이즈로 미디엄에 해당하는 38 사이즈면 잘 맞으실 것 같네요.

고객 : 네, 좋습니다.

(시착 후)

직원 : 잘 어울리세요. 이 코트는 지금 입기 딱 좋은 간절기 상품으로 초겨울까지 입으실 수 있어요.

고객 : 맘에 드네요. 다른 색상도 있습니까?

직원 : 블랙과 레드 색상 두 가지 컬러가 있습니다.

고객 : 코트와 코디할 만한 스웨터와 스커트도 보여주세요.

직원 : 먼저 이 스커트로 입어보세요. 이쪽에 탈의실이 있으니 입고 나와 보세요.

(시착 후)

직원 : 어떠세요?

고객 : 예쁘긴 한데, 조금 큰 것 같아요.

직원 : S 사이즈로 다시 한번 입어 보시겠습니까? 여기 있습니다.

고객 : 잘 맞아요. 이 스웨터도 입어 봐도 될까요?

직원 : 고객님 죄송합니다. 니트 제품은 입어 보실 수가 없습니다.

고객 : 이 코트는 세탁을 어떻게 하나요?

직원 : 코트의 재질이 캐시미어 10%와 울 90%여서 반드시 전문세탁소에 맡겨주셔야 합니다.

고객 : 알겠습니다.

직원 : 코트 안쪽에 세탁 라벨 있으니 반드시 확인해 주세요.

플러스 문장 | 补充文章

원하시는 스타일 있으시면 말씀해 주세요.

有喜欢的款式请告诉我。

Yǒu xǐhuān de kuǎnshì qǐng gàosù wǒ.

이번 가을, 겨울(봄/여름) 신상품이 입고되었습니다.

这次秋冬季(春/夏) 新品到货了。

Zhè cì qiūdōngjì (chūn/xià) xīnpǐn dàohuò le.

이탈리아 사이즈 42는 중국 사이즈로는 어떻게 됩니까?

这款意大利尺码42码是中国尺码的多少码?

Zhè kuǎn yìdàlì chǐmǎ sìshí'èr mǎ shì zhōngguó chǐmǎ de duōshǎo mǎ?

이 옷은 시착 가능하니 필요하시면 말씀해주세요.

这件衣服可以试穿，需要的话请告诉我。

Zhè jiàn yīfu kěyǐ shì chuān, xūyào dehuà qǐng gàosù wǒ.

거울은 이쪽에 준비되어 있습니다.

镜子在这边。

Jìngzi zài zhè biān.

화장품이 옷에 안 묻도록 조심히 입어주세요.

试穿的时候请注意化妆品不要沾到衣服上。

Shìchuān de shíhòu qǐng zhùyì huàzhuāngpǐn búyào zhān dào yīfu shang.

옷을 입어 보실 때, 페이스 커버(face cover)를 착용해 주세요.

试穿衣服时，请使用试衣袋。

Shìchuān yīfú shí, qǐng shǐyòng shìyīdài.

이 상품은 재고가 없습니다.

这个商品没有库存了。

Zhège shāngpǐn méiyǒu kùcún le.

원단 특성상 단독세탁(Washing alone)해 주세요.

由于面料的特性，请单独洗涤。

Yóuyú miànliào de tèxìng, qǐng dāndú xǐdí.

중성세제를 사용해서 세탁해주시고 섬유유연제는 넣지 마세요.

请使用中性洗涤剂洗涤，不要放入纤维柔顺剂。

Qǐng shǐyòng zhōngxìng xǐdíjì xǐdí, búyào fàngrù xiānwéi róushùnjì.

옷 안쪽에 세탁 라벨을 반드시 확인해 주세요.

请确认衣服内侧的洗衣标签。

Qǐng quèrèn yīfu nèicè de xǐyī biāoqiān.

옷 안쪽 라벨을 보시면, 이 제품은 물세탁은 안 되고 드라이만 하셔야 합니다.

您看衣服内侧的洗衣标签，这个产品不能水洗只能干洗。

Nín kàn yīfu nèicè de xǐyī biāoqiān, zhège chǎnpǐn bùnéng shuǐxǐ zhǐnéng gānxǐ.

타이(스카프)는 100% 실크/캐시미어 제품입니다.

领带(丝巾)是百分之百真丝/羊绒的。

Lǐngdài (sījīn) shì bǎifēnzhī bǎi zhēnsī/yángróng de.

최근에 시즌 신상품으로 들어온 베스트 상품입니다.

这是本季新商品中卖的最好的。

Zhè shì běnjì xīn shāngpǐn zhōng mài de zuì hǎo de.

사각스카프도 있고 직사각형으로 긴 스카프도 있습니다.

有正方形丝巾、长方形丝巾和长款丝巾。

Yǒu zhèngfāngxíng sījīn, chángfāngxíng sījīn hé chángkuǎn sījīn.

이 구두 좀 신어 봐도 될까요?

我可以试穿一下这双皮鞋吗?

Wǒ kěyǐ shìchuān yíxià zhè shuāng píxié ma?

어떤 사이즈를 신으세요?

您穿多大号的?

Nín chuān duō dà hào de?

36호나 37호를 신어요.

我穿36号或者37号的。

Wǒ chuān sānshíliù hào huòzhě sānshíqī hào de.

그럼 37호로 다시 신어보세요.

那您再试一下37号的吧。

Nà nín zài shì yíxià sānshíqī hào de ba.

굽이 좀 낮은 건 없나요?

有没有后跟矮一点儿的?

Yǒuméiyǒu hòugēn ǎi yìdiǎnr de?

발볼이 좁게 나왔습니다.

脚面有点窄。

Jiǎomiàn yǒudiǎn zhǎi.

굽이 몇 cm입니까?

鞋跟是几厘米的?

Xiégēn shì jǐ límǐ de?

5cm입니다.

是5厘米。

Shì wǔ límǐ.

양쪽 모두 신고 거울에 한번 비춰 보세요.

两只都穿上照镜子看看。

Liǎng zhī dōu chuān shang zhào jìngzi kànkan.

벨트 버클(가죽)만 따로 판매하지 않습니다.

腰带扣(皮子)不单卖。

Yāodài kòu(pízi) bù dānmài.

벨트 길이 조절은 불가능합니다.

腰带不能调节长短。

Yāodài bùnéng tiáojié chángduǎn.

캐주얼 벨트입니다.

这是一款休闲腰带。

Zhè shì yìkuǎn xiūxián yāodài.

이 벨트는 양면으로 다 사용 가능합니다.

这款腰带两面都可以使用。

Zhè kuǎn yāodài liǎng miàn dōu kěyǐ shǐyòng.

플러스 어휘 | 补充单词

■ 의복 종류

☐ 코트	大衣	dàyī
☐ 원피스	连衣裙	liányīqún
☐ 스커트	裙子	qúnzi
☐ 재킷	外套	wàitào
☐ 바지	裤子	kùzi
☐ 티셔츠	T恤	T xù
☐ 스웨터	毛衣	máoyī
☐ 패딩 코트	羽绒大衣	yǔróng dàyī
☐ 버버리 코트	巴宝莉外套	bābǎolì wàitào
☐ 블라우스	女士衬衫	nǚshì chènshān
☐ 셔츠	衬衫	chènshān
☐ 아동복	童装/儿童服	tóngzhuāng/értóngfú
☐ 캐주얼 복장	休闲装	xiūxiánzhuāng
☐ 청바지	牛仔裤	niúzǎikù

플러스 어휘 | 补充单词

■ 의복 소재

☐ 면	棉	mián
☐ 실크(silk)	丝绸	sīchóu
☐ 울(Wool)	羊毛	yángmáo
☐ 캐시미어(cashmere)	羊绒	yángróng
☐ 알파카(alpaca)	羊驼毛	yángtuómáo
☐ 폴리에스테르(polyester)	涤纶	dílún
☐ 마(Linen)	亚麻/麻布	yàmá/mábù
☐ 저지(jersey)	细毛绒	xìmáoróng
☐ 드라이클리닝	干洗	gānxǐ
☐ 물세탁	水洗	shuǐxǐ
☐ 손세탁(Hand wash)	手洗	shǒuxǐ
☐ 표백제	漂白剂	piǎobáijì
☐ 봄여름	春夏季	chūnxiàjì
☐ 가을겨울	秋冬季	qiūdōngjì
☐ 이월상품(시즌이 지난 상품)	过季商品	guòjì shāngpǐn
☐ 이탈리아/프랑스 사이즈	意大利/法国尺码	yìdàlì/fǎguó chǐmǎ
☐ 페이스커버	试衣袋	shìyīdài
	试衣头套	shìyītóutào
	试衣头套袋	shìyītóutàodài

📄 연습문제 | 练习题

1. 괄호 안에 들어갈 단어를 보기에서 고르세요.

> [보기]   怎么   好像   只能   码   使用

1) 挺漂亮的, 可(　　　　)有点儿大了。

2) 需要再试一次S(　　　　)吗?

3) 这件大衣该(　　　　)洗呢?

4) 这个产品不能水洗(　　　　)干洗。

5) 试穿衣服时, 请(　　　　)试衣袋。

2. 아래 한국어 문장을 중국어로 번역하세요.

  1) 천천히 둘러보세요.

  _____

  2) 세일 상품도 있나요?

  _____

  3) 저쪽은 시즌 오프 들어간 상품입니다.

  _____

  4) 고객님은 이탈리아 사이즈로 미디엄에 해당하는 38 사이즈면 잘 맞으실 것
     같네요.

  _____

  _____

  5) 이 코트는 지금 입기 딱 좋은 간절기 상품으로 초겨울까지 입으실 수 있어요.

  _____

  6) 코트와 코디할 만한 스웨터와 스커트도 보여주세요.

  _____

  7) 이쪽에 탈의실이 있으니 입고 나와 보세요.

  _____

  8) 니트 제품은 입어 보실 수가 없습니다.

  _____

9) 코트의 재질이 캐시미어 10%와 울 90%여서 반드시 전문세탁소에 맡겨주셔
야 합니다.

_____

_____

10) 코트 안쪽에 세탁 라벨 있으니 반드시 확인해 주세요.

_____

정답 | 正确答案

1. 1) 好像
   2) 码
   3) 怎么
   4) 只能
   5) 使用

2. 1) 请随意地看看。
   2) 有折扣商品吗?
   3) 那边是收尾季商品。
   4) 您的尺寸是相当于意大利中码, 38码的话应该会合适。
   5) 这件大衣是正适合现在穿的换季商品, 可以穿到初冬。
   6) 也给我看看可以和大衣搭配的毛衣和裙子。
   7) 这里有更衣室, 穿上后出来看看吧。
   8) 针织类不能试穿。
   9) 大衣的材质是10%羊绒和90%羊毛, 请务必交给专业洗衣店。
   10) 大衣里面有洗涤标签, 请务必确认。

면세점 브랜드 이야기

■ 발렌티노(VALENTINO)

1) 역사

발렌티노(VALENTINO)는 1960년 이탈리아 출신의 쿠튀리에 발렌티노 가라바니(Valentino Garavani)가 설립한 패션 하우스다. 그는 1968년 발표된 화이트 컬렉션으로 단번에 국제적인 디자이너로 이름을 올렸다. 미국 영부인 재클린 케네디(Jacqueline Kennedy)를 시작으로 앤 해서웨이(Anne Hathaway), 제니퍼 로페즈(Jennifer Lopez) 등 유명인들의 웨딩드레스를 디자인하며 유명세를 떨쳤으며, 파격적인 오트쿠튀르 디자인을 지속적으로 선보이며 2008년 은퇴 전까지 쿠튀르 패션의 마지막 황제란 평을 받았다. 2008년, 현재까지 브랜드를 이끌어오고 있는 디자이너 피엘파올로 피촐리(Pierpaolo Piccioli)가 선임된 후 발렌티노는 성공적으로 안착했다는 평을 받고 있다.

2) 특징

'발렌티노 레드'라는 표현이 따로 파생될 정도로 발렌티노는 주홍빛이 감도는 채도 높은 빨간색으로 각종 의류 및 가방, 신발 제품을 선보였다. 또한, 락스터도 (Rockstud) 디자인은 발렌티노의 제품의 표면에 부착된 징으로, 지갑, 가방, 스니커즈 등 제품에 자주 차용되고 있다.

第17课

酒类与香烟

주류와 담배

단어 | 生词

☐ 威士忌	wēishìjì	위스키
☐ 白兰地威士忌	báilándì wēishìjì	블렌디드 위스키
☐ 麦芽威士忌	màiyá wēishìjì	몰트위스키
☐ 干邑白兰地	gānyì báilándì	코냑
☐ 品牌	pǐnpái	브랜드, 상표
☐ 洋酒	yángjiǔ	양주
☐ 随意	suíyì	뜻대로 하다, 생각대로 하다
☐ 饮用	yǐnyòng	마시다
☐ 余味	yúwèi	뒷맛
☐ 清爽	qīngshuǎng	산뜻하다, 깨끗하다
☐ 促销活动	cùxiāo huódòng	판촉행사, 프로모션, 홍보활동
☐ 碳酸葡萄酒	tànsuān pútáojiǔ	스파클링 와인
☐ 聚会	jùhuì	모임
☐ 条	tiáo	보루(담배를 세는 단위)
☐ 香烟	xiāngyān	담배, 권련(cigarette)
☐ 支	zhī	개비
☐ 限	xiàn	제한하다, 한도
☐ 烈性	lièxìng	강렬하다, 세다
☐ 温和	wēnhé	온화하다, 부드럽다
☐ 淡	dàn	연하다, 순하다
☐ 超薄型	chāobáoxíng	슬림형

회화 | 会话

顾客: 我想买瓶威士忌作为礼物。
Wǒ xiǎng mǎi píng wēishìjì zuòwéi lǐwù.

店员: 这边有白兰地威士忌，那边有麦芽威士忌。还有干邑白兰地和葡萄酒，您有想找的品牌吗?
Zhè biān yǒu báilándì wēishìjì, nàbiān yǒu màiyá wēishìjì. Háiyǒu gànyì báilándì hé pútáojiǔ, nín yǒu xiǎng zhǎo de pǐnpái ma?

顾客: 没有。我只是想买一瓶洋酒送给我父亲。
Méiyǒu. Wǒ zhǐshì xiǎng mǎi yìpíng yángjiǔ sònggěi wǒ fùqīn.

店员: 那么，这瓶洋酒怎么样? 这是可随意饮用的苏格兰威士忌，余味清爽。这款产品在顾客中很受欢迎，价格也不会太高。
Nàme, zhè píng yángjiǔ zěnmeyàng? Zhè shì kě suíyì yǐnyòng de sūgélán wēishìjì, yúwèi qīngshuǎng. Zhè kuǎn chǎnpǐn zài gùkè zhōng hěn shòu huānyíng, jiàgé yě búhuì tài gāo.

顾客: 好的，那就拿你推荐的这瓶。
Hǎo de, nà jiù ná nǐ tuījiàn de zhè píng.

店员: 这是此次搞促销活动的葡萄酒。您要不要试喝一下? 是碳酸葡萄酒。
Zhè shì cǐcì gǎo cùxiāo huódòng de pútáojiǔ. Nín yào búyào shì hē yíxià? Shì tànsuān pútáojiǔ.

顾客 : 好的，我试试。
Hǎo de, wǒ shìshi.

店员 : 是很适合聚会时轻松饮用的葡萄酒，下次购买看看。
Shì hěn shìhé jùhuì shí qīngsōng yǐnyòng de pútáojiǔ, xiàcì gòumǎi
kànkan.

顾客 : 每人可以购买几条香烟？
Měirén kěyǐ gòumǎi jǐ tiáo xiāngyān?

店员 : 您要去哪个国家？
Nín yào qù nǎge guójiā?

顾客 : 去中国。
Qù zhōngguó.

店员 : 入境中国时，香烟免税限额为400支。有关详细信息，最好查
找中国海关关于携带物品出入境的规定。
Rùjìng zhōngguó shí, xiāngyān miǎnshuì xiàn'é wéi sìbǎi zhī. Yǒuguān
xiángxì xìnxī, zuì hǎo cházhǎo zhōngguó hǎiguān guānyú xiédài wùpǐn
chū rùjìng de guīdìng.

顾客 : 请推荐我一些韩国人喜欢的中国香烟。
Qǐng tuījiàn wǒ yìxiē hánguórén xīhuān de zhōngguó xiāngyān.

店员 : 您要烈性香烟还是温和的香烟？
Nín yào lièxìng xiāngyān háishi wēnhé de xiāngyān?

顾客 : 请给我看看烟味稍微淡点儿的，我想要超薄型的。
Qǐng gěi wǒ kànkan yānwèi shāowēi dàn diǎnr de, wǒ xiǎng yào
chāobáoxíng de.

店员：那我推荐这个品牌。
　　　Nà wǒ tuījiàn zhège pǐnpái.

顾客：我要买两条。
　　　Wǒ yào mǎi liǎngtiáo.

본문해석 | 课文翻译

고객 : 선물용 위스키 한 병을 사고 싶습니다.

직원 : 이쪽에는 블렌디드 위스키가 있고 저쪽에는 몰트위스키 종류가 있습니다. 그리고 코냑 종류와 와인류도 있는데, 찾으시는 브랜드가 있으신지요?

고객 : 없습니다. 저는 그냥 아버지에게 드릴 양주 한 병을 사고 싶어서요.

직원 : 그러면 이 양주는 어떠신가요? 이 양주는 부담 없이 마시기 좋은 스카치위스키입니다. 뒷맛이 산뜻합니다. 이 제품은 고객들에게 인기도 많고 가격도 부담이 안 되실 거예요.

고객 : 네 그럼 추천해 주신 것으로 할게요.

직원 : 이건 이번에 프로모션 하는 와인인데요, 시음 한번 해 보실래요? 스파클링 와인입니다.

고객 : 네, 한번 시음해 보겠습니다.

직원 : 모임에서 가볍게 드시기 좋은 와인이니 다음에 구매 한번 해 보세요.

고객 : 담배는 1인당 몇 보루 구매 가능합니까?

직원 : 어느 나라로 가십니까?

고객 : 중국으로 갑니다.

직원 : 중국에 입국하실 때, 권련(cigarette)은 400개비가 면세한도입니다. 자세한 사항은 중국 세관 휴대품 통관 규정을 찾아보시면 좋을 듯합니다.

고객 : 한국인이 좋아하는 중국 담배 좀 추천해 주세요.

직원 : 독한 담배로 보여드릴까요, 아니면 순한 담배로 보여 드릴까요?

고객 : 순한 담배로 보여주세요, 두께는 초슬림형을 원합니다.

직원 : 그럼 이 브랜드로 추천해 드리겠습니다.

고객 : 2보루 구매하겠습니다.

플러스 문장 | 补充文章

중국인은 타르 함량이 높은 담배를 좋아합니다.

中国人喜欢焦油含量高的烟。

Zhōngguórén xǐhuān jiāoyóu hánliàng gāo de yān.

19세 미만은 주류와 담배를 구매하실 수 없습니다.

未满19岁不可购买酒和香烟。

Wèi mǎn shíjiǔ suì bùkě gòumǎi jiǔ hé xiāngyān.

이 위스키를 구매하시면 사은품으로 캐리어백을 증정해 드립니다.

购买此威士忌时，您将获得一个免费的行李包。

Gòumǎi cǐ wēishìjì shí, nín jiāng huòdé yíge miǎnfèi de xínglǐbāo.

이 위스키 종류에는 블렌디드 위스키, 몰트위스키, 코냑 세 종류가 있습니다.

这种威士忌有三种类型：白兰地威士忌，麦芽威士忌和干邑白兰地三种。

Zhè zhǒng wēishìjì yǒu sānzhǒng lèixíng : báilándì wēishìjì, màiyá wēishìjì hé gànyì báilándì sān zhǒng.

발렌타인 위스키는 17년산, 21년산, 30년산이 있습니다.

百龄坛威士忌有百龄坛17年、百龄坛21年和百龄坛30年。

Bǎilíngtán wēishìjì yǒu bǎilíngtán shíqī nián, bǎilíngtán èrshíyī nián hé bǎilíngtán sānshí nián.

발렌타인 위스키 17년산은 맛이 좀 달콤하고 과일향이 납니다. 가볍게 마실 수 있습니다.

百龄坛17年威士忌略带甜味和水果味，可以轻松就饮。

Bǎilíngtán shíqī nián wēishìjì lüèdài tiánwèi hé shuǐguǒ wèi, kěyǐ qīngsōng jiù yǐn.

카뮤와 레미마틴은 꼬냑 종류입니다.

卡慕和人头马是干邑白兰地。

Kǎmù hé réntóumǎ shì gànyì báilándì.

이 와인은 단맛이 있는 스파크링 와인입니다.

这种酒是带有甜味的碳酸气泡酒。

Zhè zhǒng jiǔ shì dàiyǒu tiánwèi de tànsuān qìpào jiǔ.

이 술은 한국 전통적인 방식으로 만들어진 전통주입니다.

这种酒是用韩国传统方法制成的传统酒。

Zhè zhǒng jiǔ shì yòng hánguó chuántǒng fāngfǎ zhìchéng de chuántǒng jiǔ.

각 지방의 독특한 방법으로 만든 민속주입니다.

它是用各个地方的独特方法制成的传统酒。

Tā shì yòng gègè dìfang de dútè fāngfǎ zhìchéng de chuántǒng jiǔ.

플러스 어휘 | 补充单词

■ 주류 브랜드 명칭

☐ 발렌타인(Ballentine)	百龄坛	bǎilíngtán
☐ 로열 살루트(Royal Salute)	皇家礼炮	huángjiālǐpào
☐ 조니 워커 블루라벨	尊尼获加蓝牌	zūnníhuòjiālánpái
☐ 글렌피딕	格兰菲迪	gélánfēidí
☐ 헤네시	轩尼诗	xuānníshī
☐ 돔베리뇽(Dom perinon)	唐培里侬	tángpéilǐnóng
☐ 모엣샹동(Moet & Chandon)	酩悦香槟	mǐngyuèxiāngbīn
☐ 발렌타인 30년산	百龄坛30年	bǎilíngtán sānshí nián
☐ 맥캘란(Macallan)	麦卡伦	màikǎlún
☐ 카뮤(Camus)	卡慕	kǎmù
☐ 레미마틴(Remy Martin)	人头马	réntóumǎ
☐ 블렌디드 위스키(blended whisky)	白兰地威士忌	báilándì wēishìjì
☐ 몰트 위스키(malt Whisky)	麦芽威士忌	màiyá wēishìjì
☐ 코냑(cognac)	干邑白兰地	gānyì báilándì
☐ 스파클링 와인(sparkling wine)	起泡葡萄酒	qǐpào pútáojiǔ
☐ 보드카	伏特加	fútèjiā
☐ 샴페인	香槟酒	xiāngbīnjiǔ

☐ 수정방	水井坊	shuǐjǐngfáng
☐ 한국 전통주	韩国传统酒	hánguó chuántǒngjiǔ
☐ 막걸리	馬格利酒/韩国米酒	
		mǎgélìjiǔ/hánguó mǐjiǔ
☐ 소주	烧酒	shāojiǔ
☐ 인삼주	人参酒	rénshēn jiǔ
☐ 백세주	百岁酒	bǎisuìjiǔ

플러스 어휘 | 补充单词

■ 중국 담배 브랜드

☐ 중화	中华	zhōnghuá
☐ 부용왕	芙蓉王	fúróngwáng
☐ 옥계	玉溪	yùxī
☐ 황학루	黄鹤楼	huánghèlóu
☐ 운연	云烟	yúnyān
☐ 쌍희	双喜	shuāngxǐ
☐ 이군	利群	lìqún
☐ 중남해	中南海	zhōngnánhǎi
☐ 홍하	红河	hónghé
☐ 인민대회당	人民大会堂	rénmíndàhuìtáng
☐ 장백산	长白山	chángbáishān
☐ 판다	熊猫	xióngmāo
☐ 홍쌍희	红双喜	hóngshuāngxǐ
☐ 홍탑산	红塔山	hóngtǎshān

연습문제 | 练习题

1. 괄호 안에 들어갈 단어를 보기에서 고르세요.

> [보기] 甜   条   独特   推荐   免费

1) 每人可以购买几(   )香烟?

2) 请(   )我一些韩国人喜欢的中国香烟。

3) 购买此威士忌时，您将获得一个(   )的行李包。

4) 这种酒是带有(   )味的碳酸气泡酒。

5) 它是用各个地方的(   )方法制成的传统酒。

2. 아래 한국어 문장을 중국어로 번역하세요.

1) 이쪽에는 블렌디드 위스키가 있고 저쪽에는 몰트위스키 종류가 있습니다.

_____

2) 찾으시는 브랜드가 있으신지요?

_____

3) 저는 그냥 아버지에게 드릴 양주 한 병을 사고 싶어서요.

_____

4) 이 양주는 부담 없이 마시기 좋은 스카치위스키입니다. 뒷맛이 산뜻합니다.

_____

5) 이 제품은 고객들에게 인기도 많고 가격도 부담이 안 되실 거예요.

_____

6) 이건 이번에 프로모션 하는 와인입니다.

_____

7) 중국에 입국하실 때, 권련(cigarette)은 400개비가 면세한도입니다. 자세한
   사항은 중국 세관 휴대품 통관 규정을 찾아보시면 좋을 듯합니다.

_____

_____

8) 독한 담배로 보여드릴까요, 아니면 순한 담배로 보여 드릴까요?

_____

9) 두께는 슬림형을 원합니다.

_____

10) 그럼 이 브랜드로 추천해 드리겠습니다.

_____

정답 | 正确答案

1. 1) 条

   2) 推荐

   3) 免费

   4) 甜

   5) 独特

2. 1) 这边有白兰地威士忌，那边有莫尔特威士忌。

   2) 您有想找的品牌吗?

   3) 我只是想买一瓶洋酒送给我父亲。

   4) 这是可随意饮用的苏格兰威士忌，余味清爽。

   5) 这款产品在顾客中很受欢迎，价格也不会太高。

   6) 这是此次搞促销活动的葡萄酒。

   7) 入境中国时，香烟免税限额为400支。有关详细信息. 最好查找中国海关关于携带物品出入境的规定。

   8) 您要烈性香烟还是温和的香烟?

   9) 我想要超薄型的。

   10) 那我推荐这个品牌。

면세점 브랜드 이야기

■ 버버리(Burberry)

BURBERRY

LONDON ENGLAND

1) 역사

BURBERRY는 1856년, 토마스 버버리(Thomas Burberry)가 설립한 영국의 럭셔리 브랜드다. 가벼우면서도 방수가 되는 개버딘(Gabardine) 원단을 개발했던 그는, 타이로켄(Tielocken)이란 이름의 코트를 영국 군대에 납품하기 시작했고, 제1차 세계대전에 이르러 현재도 버버리의 대표 아이템 중 하나인 트렌치코트 (Trench Coat)를 납품하게 되었다. 제1차 세계대전 이후, 영국의 대표적인 패션 브랜드로 자리매김하게 되며, 영국 왕실부터 각종 배우들에 이르기까지 20세기 후 반까지 전성기를 맞이하게 된다. 1990년대에 들어서, 지나치게 클래식한 디자인과 지나친 라이센싱 사업 확장, 영국 청년집단 차브(Chav)족의 선호 등 다양한 요인 들 때문에 브랜드 이미지가 타격을 입게 되었다. 이에 버버리는 이후 17년간 버버 리의 수석 디자이너이자 CEO까지 겸하게 된 크리스토퍼 베일리(Christopher Bailey)를 영입하며 브랜드의 부활을 성공적으로 이끌었다는 평을 받고 있다.

2) 특징

버버리는 영국 럭셔리 브랜드 중 가장 역사와 전통이 깊은 브랜드이며, 상징적인 아이템들과 디자인으로 장시간 영국 대표 패션 브랜드로 자리매김하고 있다. 예를 들어, 트렌치코트를 의미하는 버버리 코트는 하나의 고유 명사가 되어버렸고, 타탄(Tartan)에서 착안해 1920년 처음 트렌치코트의 안감으로 이용했던 노바 체크(Nova Check)는 버버리의 대표적인 디자인으로 꼽힌다.

3) 최근 행보

2010년 대 말 더뎌진 매출 성장과 노후화된 브랜드 이미지를 다시 한번 탈피하게 위해 버버리는 2018년 지방시(Givenchy)의 수석 디자이너였던 리카르도 티시(Riccardo Tischi)를 디자이너로 영입하며 브랜드 이미지 쇄신을 꾀하였다.

그는 20년 넘게 지속되어 왔던 버버리의 상징적인 로고를 바꾸고 상징적이었던 '노바 체크' 모노그램의 디자인 이용을 자제하며 창립자 토마스 버버리의 알파벳 T와 B를 교차하는 새로운 모노그램을 발표하였다. 리카르도 티시는 2019 S/S 컬렉션으로 데뷔하면서 새로운 버버리를 선보였는데 존 버버리의 디자인과 본인 특유의 감성을 성공적으로 접했다는 호평을 받으며, 가죽 제품군을 대폭 확장하는 행보를 선보였다. 2020년 COVID19의 타격으로 매출의 타격을 입었지만 꾸준히 영국 대표 패션 브랜드로서의 행보를 이어가고 있다.

第18课

电子产品

전자제품

단어 | 生词

☐ 电饭锅	diànfànguō	전기밥솥
☐ 内锅	nèi guō	내솥
☐ 不锈钢材质	búxiùgāng cáizhì	스테인리스 재질
☐ 最高级优质型	zuìgāojí yōuzhì xíng	최고급 프리미엄형
☐ 热量	rèliàng	열, 열량
☐ 传热效率	chuánrè xiàolù	열효율
☐ 缩短	suōduǎn	줄이다, 단축하다
☐ 烹饪	pēngrèn	요리하다, 조리하다
☐ 熟	shú	익다
☐ 均匀	jūnyún	균등하다, 고르다, 균일하다
☐ 分离型	fēnlí xíng	분리형
☐ 盖子	gàizi	뚜껑, 마개
☐ 清洗	qīngxǐ	깨끗하게 씻다, 닦다
☐ 卫生	wèishēng	위생적이다, 깨끗하다
☐ 中文语音提示功能		
	zhōngwén yǔyīn tíshì gōngnéng	
		중국어 음성 안내 기능
☐ 能源	néngyuán	에너지원
☐ 消耗	xiāohào	소모하다, 소비하다, 소모, 소비
☐ 效率	xiàolù	효율, 능률
☐ 电费	diànfèi	전기 요금, 전기세

회화 | 会话

顾客：我想买韩国产电饭锅。
Wǒ xiǎng mǎi hánguó chǎn diànfànguō.

店员：请问，您想要几人用的?有3人用、6人用以及10人用三种类型。
Qǐngwèn, nín xiǎng yào jǐrén yòng de? Yǒu sān rén yòng, liù rén yòng yǐjí shí rén yòng sānzhǒng lèixíng.

顾客：我想买10人用的。
Wǒ xiǎng mǎi shí rén yòng de.

店员：这款产品的内锅是不锈钢材质的，所以可以使用十年。
Zhè kuǎn chǎnpǐn de nèiguō shì búxiùgāng cáizhì de, suǒyǐ kěyǐ shǐyòng shínián.

顾客：比其他品牌的电饭锅性能好吗?
Bǐ qítā pǐnpái de diànfànguō xìngnéng hǎo ma?

店员：是的，最高级优质型，能将热量均匀地传达到整个锅中，传热效率高，缩短烹饪时间，饭也能熟得均匀。由于是分离型盖子，可以分离清洗，所以从卫生上来说很干净。
Shì de, zuìgāojí yōuzhìxíng, néng jiāng rèliàng jūnyún de chuándá dào zhěngge guō zhōng, chuánrè xiàolù gāo, suōduǎn pēngrèn shíjiān, fàn yě néng shú de jūnyún. Yóuyú shì fēnlíxíng gàizi, kěyǐ fēnlí qīngxǐ, suǒyǐ cóng wèishēng shang lái shuō hěn gānjìng.

顾客：使用方便吗?
Shǐyòng fāngbiàn ma?

店员：有中文语音提示功能，所以用起来会很方便。能源消耗效率为第一等级，所以电费也不会很高。
Yǒu zhōngwén yǔyīn tíshì gōngnéng, suǒyǐ yòng qǐlái huì hěn fāngbiàn. Néngyuán xiāohào xiàolǜ wéi dì yī děngjí, suǒyǐ diànfèi yě búhuì hěn gāo.

顾客：在中国也可以使用的型号吧？
Zài zhōngguó yě kěyǐ shǐyòng de xínghào ba?

店员：是的，是为中国国内用户推出的产品。
Shì de, shì wèi zhōngguó guónèi yònghù tuīchū de chǎnpǐn.

顾客：我要这个了。
Wǒ yào zhège le.

店员：详细功能可参考产品说明书。
Xiángxì gōngnéng kě cānkǎo chǎnpǐn shuōmíngshū.

顾客：好。
Hǎo.

店员：您还想看别的电子产品吗？
Nín hái xiǎng kàn biéde diànzi chǎnpǐn ma?

顾客：不看了。离飞机出发时间不远了，请帮我结一下这个电饭锅。
Búkàn le. Lí fēijī chūfā shíjiān bùyuǎn le, qǐng bāng wǒ jié yíxià zhège diànfànguō.

店员：是吗？请稍等。给您结算。
Shì ma? Qǐng shāo děng. Gěi nín jiésuàn.

본문해석 | 课文翻译

고객 : 한국산 전기밥솥을 사려고 합니다.

직원 : 몇 인용을 원하세요? 3인용, 6인용, 10인용 세 종류가 있습니다.

고객 : 10인용을 사고 싶습니다.

직원 : 이 제품은 내솥이 스테인리스 재질로 되어 있어서 10년 정도 사용할 수 있습니다.

고객 : 다른 브랜드 밥솥보다 성능이 좋나요?

직원 : 네, 최고급 프리미엄형으로 내솥 전체에 골고루 열이 전해져서 열효율이 좋고 조리시간을 줄여주고 밥이 고르게 잘 익습니다. 분리형 커버여서 분리 세척할 수 있으므로 위생상으로도 좋습니다.

고객 : 사용은 편리한가요?

직원 : 중국어 음성 안내 기능이 있어서 사용하실 때 편리하실 겁니다. 에너지 소비효율이 1등급으로 전기료도 많이 들지 않습니다.

고객 : 중국에서도 사용할 수 있는 모델이지요?

직원 : 네, 중국 내 사용자를 위해 출시된 제품입니다.

고객 : 이걸로 하겠습니다.

직원 : 자세한 기능은 제품설명서를 참고하시면 됩니다.

고객 : 네.

직원 : 다른 선사세품노 보시겠습니까?

고객 : 괜찮습니다. 비행기 출발시간이 얼마 남지 않아서요, 이 밥솥만 계산해 주세요.

직원 : 그러시군요. 잠시만 기다리세요. 결제해 드리겠습니다.

플러스 문장 | 补充文章

면세점 제품은 귀국 시 600달러를 초과하는 금액에 대해 디지털 카메라는 10%, 렌즈 및 액세서리는 20%의 세금 납부 의무가 있습니다.

免税店产品回国时，对于超过600美元的金额，数码相机有义务缴纳10%的税金，镜头及饰品有义务缴纳20%的税金。

Miǎnshuìdiàn chǎnpǐn huíguó shí, duìyú chāoguò liùbǎi měiyuán de jīn'é, shùmǎxiàngjī yǒu yìwù jiǎonà bǎifēnzhī shí de shuìjīn, jìngtóu jí shìpǐn yǒu yìwù jiǎonà bǎifēnzhī èrshí de shuìjīn.

리튬 배터리 규정이 강화되어 제품 기내 반입이 제한될 수 있습니다. 항공사에 문의해주세요.

锂电池规定已经加强，产品机内携带可能会受到限制。请咨询航空公司。

Lǐdiànchí guīdìng yǐjīng jiāqiáng, chǎnpǐn jīnèi xiédài kěnéng huì shòudào xiànzhì. Qǐng zīxún hángkōng gōngsī.

충전서비스는 매장에서 불가합니다.

在卖场不能提供充电服务。

Zài màichǎng bù néng tígōng chōngdiàn fúwù.

인터넷 패키지가 최저가로 구매하실 수 있습니다.

您可以最低价购买网络套餐。

Nín kěyǐ zuìdī jià gòumǎi wǎngluò tàocān.

이 카메라는 공식 수입정품으로 정품 등록 및 무상 수리 서비스를 받을 수 있습니다.

此相机为正式进口正品，可享受正品登记及免费维修服务。

Cǐ xiàngjī wéi zhèngshì jìnkǒu zhèngpǐn, kě xiǎngshòu zhèngpǐn dēngjì jí miǎnfèi wéixiū fúwù.

상품구매 후 온라인을 통해 정품 등록을 하시면 특전 서비스를 받을 수 있습니다.

购买商品后，通过网络进行正品登记，即可享受特别服务。

Gòumǎi shāngpǐn hòu, tōngguò wǎngluò jìnxíng zhèngpǐn dēngjì, jíkě xiǎngshòu tèbié fúwù.

구입일로부터 카메라 1년, 캠코더 2년의 무상 서비스를 해 드립니다.

自购买日起提供相机1年、摄像机2年的免费服务。

Zì gòumǎi rìqǐ tígōng xiàngjī yì nián, shèxiàngjī liǎng nián de miǎnfèi fúwù.

이 마사지 기계는 강도조절 기능이 있어서 개개인에 맞게 사용하시면 됩니다.

这个按摩器有调节强度的功能，根据个人需要使用即可。

Zhège ànmóqì yǒu tiáojié qiángdù de gōngnéng, gēnjù gèrén xūyào shǐyòng jíkě.

1회 충전으로 2~3분 사용하면, 6개월 사용할 수 있습니다.

充电一次使用2~3分钟的话，可使用6个月。

Chōngdiàn yícì shǐyòng liǎng, sān fēnzhōng dehuà, kě shǐyòng liù ge yuè.

플러스 어휘 | 补充单词

☐ 디지털 제품　　电子产品　　diànzǐ chǎnpǐn

☐ 스마트 기기　　智能设备　　zhìnéng shèbèi

☐ 노트북　　笔记本电脑　　bǐjìběn diànnǎo

☐ 카메라　　照相机　　zhàoxiàngjī

☐ 태블릿 PC　　平板电脑　　píngbǎn diànnǎo

☐ 압력 밥솥　　压力电饭锅/高压锅
　　　　　　　　　yālìdiànfànguō/gāoyāguō

☐ 스마트 워치　　智能手表　　zhìnéng shǒubiǎo

☐ 미니 마사지기　　迷你 按摩器　　mínǐ ànmóqì

☐ 미니 공기청정기　　迷你 空气净化器　　mínǐ kōngqì jìnghuàqì

☐ 저주파 마사지기　　低频 按摩器　　dīpín ànmóqì

☐ 헤어 드라이기　　吹风机　　chuīfēngjī

☐ 전기면도기　　电动剃须刀　　diàndòng tìxūdāo

☐ 스마트폰　　智能手机　　zhìnéng shǒujī

📄 **연습문제 | 练习题**

1. 괄호 안에 들어갈 단어를 보기에서 고르세요.

> [보기] 离　　比　　缩短　　功能　　分离

1) (　　　　)其他品牌的电饭锅性能好吗?

2) 最高级优质型, 能将热量均匀地传达到整个锅中, 传热效率高, (　　　　)烹饪时间。

3) 由于是分离型盖子, 可以(　　　　)清洗。

4) (　　　　)飞机出发时间不远了。

5) 这个按摩器有调节强度的(　　　　), 根据个人使用即可。

2. 아래 한국어 문장을 중국어로 번역하세요.

1) 몇 인용을 원하세요?

_____

2) 3인용, 6인용, 10인용 세 종류가 있습니다.

_____

3) 이 제품은 내솥이 스테인리스 재질로 되어 있어서 10년 정도 사용할 수 있습니다.

_____

_____

4) 중국어로 음성 안내 기능이 있어서 사용하실 때 편리하실 겁니다.

_____

5) 에너지 소비효율 1등급이 되어 전기료도 많이 들지 않습니다.

_____

6) 중국에서도 사용할 수 있는 모델이지요?

_____

7) 중국 내 사용자를 위해 출시된 제품입니다.

_____

8) 자세한 기능은 제품설명서를 참고하시면 됩니다.

_____

9) 다른 전자제품도 보시겠습니까?

_____

10) 이 밥솥만 계산해 주세요.

_____

정답 | 正确答案

1. 1) 比
   2) 缩短
   3) 分离
   4) 离
   5) 功能

2. 1) 请问，您想要几人用的？
   2) 有3人用、6人用以及10人用三种类型。
   3) 这款产品的内锅是不锈钢材质的，所以可以使用十年。
   4) 有中文语音提示功能，所以用起来会很方便。
   5) 能源消耗效率为第一等级，所以电费也不会很高。
   6) 在中国也可以使用的型号吧？
   7) 是为中国国内用户推出的产品。
   8) 详细功能可参考产品说明书。
   9) 您还想看别的电子产品吗？
   10) 请帮我结一下这个电饭锅。

면세점 브랜드 이야기

■ 발렌시아가(BALENCIAGA)

BALENCIAGA

1) 역사

발렌시아가(BALENCIAGA)는 1917년 스페인 디자이너 크리스토발 발렌시아가(Cristobal Balenciaga)에 의해 설립된 명품 브랜드다. 어린 시절부터 천재 디자이너로 평가받던 발렌시아가는 1937년 파리에서 컬렉션을 개최하면서 최상류층 고객들에게 우아함과 기품을 갖춘 완벽한 품질의 맞춤복을 제공하는 것으로 명성이 자자해졌다. 그의 뛰어난 디자인, 재단, 봉제 능력은 당대 디자이너들의 우상이라 불릴 정도였으며, '완벽주의자', '쿠튀리에들의 스승'이란 평가를 받을 만큼 시대를 앞서 나갔다. 하지만, 시대가 흐르며 맞춤복인 오트 쿠튀르보다 기성복 프레타 포르테가 패션의 대세로 기울자 발렌시아가는 은퇴를 선언하였다. 1972년 발렌시아가가 사망함에 따라 브랜드는 1986년까지 문을 닫았다. 1987년, 발렌시아가는 다시 영업을 시작했고, 1996년 훗날 루이비통의 여성복 디자이너를 맡게 될 니콜라스 게스퀴에르(Nicolas Ghesquiere)을 디자이너로 영입하며 본격적으로 부활하게 된다. 니콜라스 게스퀴에르는 기존의 발레시아가와 달리 파격적이며 참신한 디자인들을 선보였으며, '모터 백' 등 베스트셀러 제품을 내놓으며 발렌시아가의 명성과 매출을 둘 다 끌어올리는 데 성공하였다. 2001년 당시 구찌 그룹[現 케어링(KERING) 그룹]은 발렌시아가를 인수하고 그룹 핵심 브랜드 중 하나로 내세웠다. 16년의 재임 기간을 뒤로 하고, 니콜라스 게스퀴에르가 루이비통으로 떠난 후 발렌시아가는 알렉산더 왕(Alexander Wang)을 거쳐 현재 디자이너 뎀나 바잘리아(Demna Gvasalia)가 맡고 있다.

2) 특징

기존의 발렌시아가는 가장 뛰어난 완성도를 보이면서, 과하지 않고 안정적인 오트 쿠튀르의 대표격이었다면, 니콜라스 게스퀴에르 이후의 발렌시아가는 파격적이며 아방가르드한 디자인의 브랜드로 포지셔닝을 하게 된다. 뎀나 바잘리아의 재임 이후, 발렌시아가는 기존의 아방가르드한 요소는 유지하고 해체주의 및 스트리트웨어의 색채까지 강하게 띄게 되면서 트렌드를 가장 선도하는 브랜드 중 하나로 자리하게 되었다.

3) 최근 행보

2015년 뎀나 바잘리아의 재임 이후 발렌시아가는 컬렉션마다 앞서나가는 디자인으로 호평을 받는 것은 물론, 스피드 러너(Speed Runner), 트리플 S(Triple S) 등과 같은 히트 상품을 연이어 출시하며 매출 또한 가장 높은 럭셔리 패션 브랜드 중 하나가 되었다. 뎀나 바잘리아를 선임한 것은 신의 한 수라는 평가를 계속 받고 있으며, 발렌시아가는 구찌(Gucci), 보테가 베네타(Bottega Veneta)와 함께 Kering Group의 매출을 책임지는 브랜드로 자리매김하고 있다.

저자 소개

한국면세연구원

한국면세연구원은 글로벌 1위 면세산업국가로서의 위상을 유지하고 발전시키기 위해서 면세정책과 제도의 전문적인 연구와 면세산업 발전의 인재 양성을 위한 면세산업 전문 연구기관이 되기 위해 설립되었다. 한국면세산업 최초로 면세점 판매서비스, 면세점 마케팅, 면세점 머천다이징, 면세점 물류관리사의 민간자격 증을 개발하여 운영 중에 있다. 또한 '면세점 머천다이징' 과정을 고용노동부 '사업주 직무과정'으로 업계 최초로 승인받아 면세산업에 관련된 실무자 교육으로 활용하고 있다. 또한 면세산업의 학문적 기초를 위해 면세학과 설치를 위하여 각 대학과 협의 중에 있다.

이현서(李炫抒)

중국 베이징대학에서 중국 고대문학을 연구하고, 현재 경인여자대학교 글로벌관광 서비스과 교수로 재직 중이다. 춘추전국시대를 배경으로 한 열국지 계열의 문학 작품을 연구하고 있으며, 고대 병법서와 중국문화사에도 깊은 관심을 두고 있다. 옮기고 쓴 책으로 『도설천하 손자병법』, 『손자병법』, 『중화미각』(공저), 『중화명승』(공저), 『삼국지사전』(공역)과 『송원화본』(공역) 등이 있다.

알아두면 쓸모 있는 **면세점 중국어**

2022년 8월 20일 초판 1쇄 인쇄
2022년 8월 25일 초판 1쇄 발행

지은이 한국면세연구원 · 이현서
펴낸이 진욱상
펴낸곳 (주)백산출판사
교 정 박시내
본문디자인 오행복
표지디자인 오정은

등 록 2017년 5월 29일 제406-2017-000058호
주 소 경기도 파주시 회동길 370(백산빌딩 3층)
전 화 02-914-1621(代)
팩 스 031-955-9911
이메일 edit@ibaeksan.kr
홈페이지 www.ibaeksan.kr

ISBN 979-11-6567-549-3   13720
값 29,500원